rowohlts
monographien
herausgegeben
von
Kurt Kusenberg

Friedrich Hebbel

mit Selbstzeugnissen
und Bilddokumenten
dargestellt von
Hayo Matthiesen

Rowohlt

Dieser Band wurde eigens für «rowohlts monographien» geschrieben
Den Anhang besorgte der Autor
Herausgeber: Kurt Kusenberg · Redaktion: Beate Möhring
Umschlagentwurf: Werner Rebhuhn
Vorderseite: Friedrich Hebbel. Lithographie von J. Kriehuber, 1858
(Hebbelsammlung der Stadt Kiel)
Rückseite: Christine Hebbel als Judith. Gemälde von Ferdinand Bender, 1850
(Hebbelsammlung der Stadt Kiel)

Veröffentlicht im Rowohlt Taschenbuch Verlag GmbH,
Reinbek bei Hamburg, Januar 1970
Copyright © 1970 by Rowohlt Taschenbuch Verlag GmbH,
Reinbek bei Hamburg
Alle Rechte an dieser Ausgabe vorbehalten
Gesetzt aus der Linotype-Aldus-Buchschrift
und der Palatino (D. Stempel AG)
Gesamtherstellung Clausen & Bosse, Leck
Printed in Germany
880-ISBN 3 499 50160 0

21.–23.Tausend Januar 1984

Inhalt

Friedrich Hebbel. Gemälde von Karl Rahl, 1851

Das Wunder von Wien

Das Glück begegnete dem Dichter auf der Straße; ein Wunder verwandelte sein Leben.

Um sechs Uhr früh am 4. November 1845, einem Dienstag, traf Friedrich Hebbel mit der Postkutsche in Wien ein. Die letzten Jahre hatte er im Ausland verlebt, in Paris, Rom, Neapel. Jetzt kam er aus Triest. Der *Gruß des Vaterlands* [1]* erschreckte ihn: *Ein eiskalter Wind blies mich an, Regentropfen fielen, mich fröstelte und auch meine Seele begann zu schaudern.*

Hebbel stand am Abgrund seines Lebens. In der schönen Stadt an der Donau wollte er nicht lange verweilen, sondern nur testen, ob er hier eine Existenz aufbauen könnte. Sonst würde er gleich *weitergehen, nach Berlin, um auch dort noch einen letzten Versuch zu machen; wohin ich mich aber von dort wenden soll, weiß ich nicht* [2].

Der Dichter kehrte *nach Deutschland mit der festen Überzeugung zurück, daß ich die literarische Schlacht verloren habe, verloren an Lumpen, nicht an Götter, aber nichtsdestoweniger verloren* [3]. Er glaubte, daß sein Untergang beschlossen sei, *wenn sich nicht wider alles Vermuten hier das Unglaubliche ereignen sollte* [4].

Es gab keine Hoffnung mehr. Eine Erkältung und ein hartnäckiger Husten plagten ihn. Er konnte sein Zimmer in der Josefstadt, Johannisstraße 6, nicht heizen, weil das Geld fehlte. Kleider benötigte er so dringend wie Brot: *Nein, das hätte ich nie gedacht, daß ich noch in meinem zweiunddreißigsten Jahre nicht so weit sein würde wie der lausigste Handlungsdiener!*

So mag er sich vorgekommen sein. «Seine hagere Gestalt» mit der «blassen Leidensmiene»[5] steckte in «ärmlicher Kleidung», einem «schwarzen Frack, der ihm nicht paßte». Nur wer genau hinsah, erkannte in diesen schlechten Hüllen die starke Persönlichkeit: «Der rundgeformte Kopf zeigte eine mächtige Stirn, die sich wie eine Kuppel wölbte und nur spärlich von fast weißblonden Haaren bedeckt war. Unter ihr glänzten, wenn auch von keinen markierenden Brauen und Wimpern beschattet, blitzblaue Augen hervor, die, wenn Hebbel ... in leicht wachgerufenem Zorn sprach, wirklich Blitze schossen. Die Nase, nicht eben schroff sich absenkend, endete abgestumpft und schwächte die Gewaltigkeit der Stirn. Der Mund, gut aber breit geschlitzt, ließ sinnliches Begehren erkennen, wiewohl er durch einen, dem Haupthaare gleichfarbigen Vollbart etwas verhüllt war ... Den Kopf, als wäre er zu schwer für die mittelhohe, schlanke Gestalt, zur Seite geneigt, wiegte er sich fort und fort nach rechts und links in den Hüften.»[6]

Einen Monat nach der Ankunft will Hebbel bereits wieder abreisen. Sein Zimmer hat er schon gekündigt. Eben geht er zur Post, um sich ein Billet für den Wagen nach Prag zu kaufen, da tritt ein polnischer Herr, den er während der Überfahrt von Ancona nach Triest

---

* Die hochgestellten Ziffern verweisen auf die Anmerkungen S. 139 f.

Friedrich Hebbel, 1847. Lithographie von Eduard Kaiser

kennengelernt hatte, auf ihn zu und erklärt ihm, *es seien ein paar Barone aus Galizien hier, die sehnlichst wünschten, meine Bekanntschaft zu machen* [7].

Hebbel dreht auf dem Absatz um und unterläßt es, sich auf der Post einzuschreiben. Statt dessen besucht er die Polen. Sie empfangen ihn in einer Art, *die mir fast peinlich war. Von einem solchen Enthusiasmus hatte ich noch keine Vorstellung gehabt, und es waren nicht junge Leute, sondern Männer, die dem Greise näher standen als dem Jüngling.* Die Edelleute Julius und Wilhelm Zerboni di Sposetti sind es, wohlhabende Gutsherren aus Galizien, zu deren Besitz

Christine Enghaus. Steinzeichnung von Prinzhofer, 1844

auch das Schloß gehört, auf dem einst der falsche Demetrius lebte. Vor allem die *Judith* hatte sie zu glühenden Verehrern des Dichters gemacht.

Dann gab's eine wilde Nacht, kostbares Essen, Fasane und Reb-hühner, Champagner, Toaste, auf den Knien vor mir ausgebracht, und ... fortwährendes leidenschaftliches Rezitieren und Interpretie-ren der Judith und der Genoveva ... Auch die Nacht mußte ich da-bleiben ... und ich schlief unter damastenen Decken mit goldenen Fransen. Mir war, als ob mir ein Märchen passierte.[8]

Wenige Tage später besucht Hebbel die wohl berühmteste Schauspielerin Wiens, Christine Enghaus, *mit Armesünder-Empfindungen, die mein schlechter Reise-Habit mir einflößte*[9]. Der Anblick des Poeten erweckt «das tiefste Mitleid»[10] der Künstlerin. Doch – als er sie wieder verläßt, «wurde mir recht traurig zumute».

Den Weihnachtsabend verbringt Hebbel mit seinen neuen Bekannten im vornehmen Hotel Erzherzog Karl. Es wird wieder spät, aber die Gönner lassen den Gast nicht gehen, er muß bei ihnen übernachten. «Am anderen Morgen holte der Bediente seine Kleider... er mußte bis acht im Bett verweilen. Was geschah? Plötzlich trat Wilhelm von Zerboni mit einem neuen Anzug ein, warf sich auf die Knie, bat ihn, ihm zu verzeihen u. s. w. Als armer Poet hatte Hebbel sich niedergelegt, als Modekupfer stand er wieder auf. Von der Halsbinde an bis zu den Stiefeln herunter alles fein und modern. Dabei ein prachtvoller weißer Oberrock, ein Spazierstock mit silbernem Knopf und dgl. Von nun an hatte er seine Wohnung im Erzherzog Karl. Ein teppichbelegtes Zimmer, rotsamtene Stühle, silberne Leuchter, Spiegel in goldenen Rahmen.»[11]

Die Kleider verwandeln den Dichter. In dem neuen Rock wird er ein neuer Mensch. Sein erster Besuch gilt Christine Enghaus, die wähnt, er sei längst abgereist: «Da tritt er eines Tages wieder in die Tür, aber wie veredelt... ein feiner eleganter Oberrock, ein gleicher Hut und Handschuhe – ich traute meinen Augen kaum... Ich verlebte wieder eine glückliche Stunde.»[12]

Acht Tage später stürzt eines Morgens das Hausmädchen zur Schauspielerin ins Zimmer und meldet: Herr Dr. Hebbel. Der Dichter erklärt sich: «Diesmal komme ich nicht, um Lebewohl zu sagen, wohl aber um zu fragen, ob ich öfter kommen darf? S i e halten mich hier fest.» Die Künstlerin: «Was ich darauf erwiderte, weiß ich nicht mehr – ich glaube, es war ein stummes und doch beredtes Zeichen, das einem Kuß nicht ganz unähnlich sah.»

Das Unglaubliche hatte sich ereignet. *Durch eine Kette der wunderbarsten Zufälle*[13] blieb Friedrich Hebbel in Wien. Er schöpfte wieder Hoffnung: *...ich möchte fast glauben, daß mein Leben jetzt eine bessere Wendung nehmen wird, wenn ich auch über das Wie nichts zu vermuten wage. Warum? Weil ich weiß, daß es geschehen muß, wenn ich nicht zugrunde gehen soll... Und ich bin hier in Wien doch wirklich durch ein Wunder festgehalten worden.*[14]

Dieses Wunder *entschied für mein ganzes Leben*[15].

1858. Lithographie von / Kriehuber (Ausschnitt)

Dithmarsische Sklaverei

Hebbels Wiege stand in einem *Nest* [16], in dem kleinen Ort Wesselburen in Norderdithmarschen, einem *für die Kultur fast verlorenen Winkel* [17]. Nur wenige Kilometer von der Nordsee entfernt, liegt die Ortschaft inmitten der flachen lehmigen Marsch auf einer Sanddüne. Alle Straßen führen zur Kirche, die sich an der höchsten Stelle im Zentrum erhebt, ohne deshalb auch den Mittelpunkt des kleinbürgerlichen Lebens zu Beginn des 19. Jahrhunderts zu bilden. Hier wurde Christian Friedrich Hebbel am 18. März 1813 geboren.

Dithmarschen gehörte zum Herzogtum Holstein, das – mit dem Landesteil Schleswig – durch Personalunion mit dem Königreich Dänemark verbunden war. Der König in Kopenhagen, Friedrich VI. (1808–39), herrschte auch über die Bürger, Bauern und Kätner von Wesselburen. Ein guter Landesvater war er seinen Untertanen nicht. In kurzsichtiger Politik hielt der Däne auch nach Napoleons Niederlage bei Leipzig zu dem Korsen und stürzte sein Land dadurch in Elend und Not. Schwedisch-russisch-preußische Armeen durchzogen die Herzogtümer. Das Königreich wurde von schweren wirtschaftlichen Krisen erschüttert, die im Staatsbankrott gipfelten, der zu einem neuen

Geldsystem und zu neuen Steuern und Lasten für die Schleswig-Holsteiner führte.

Auch in der *Einöde eines Dithmarsischen Marktfleckens, den die Kultur nur in Makulatur-Gestalt berührt*[18], brachten die Erschütterungen der Zeit das eintönige Leben durcheinander. Der Winter von 1813 auf 1814 blieb lange als Kosakenwinter im Gedächtnis. Wenige Jahre später mußten drei Armenhäuser, denen ein Armenvogt in roter Uniformjacke und roter Mütze, eine Peitsche in der Hand, vorstand, Gescheiterte aufnehmen.

Vor dem Armenhaus konnte Hebbels Vater Claus Friedrich (geb. am 16. Februar 1790) seine Familie immer bewahren, aber in seinem bescheidenen strohgedeckten und weiß gekalkten Häuschen in der Norderstraße mietete die Armut sich als Dauergast ein.

Bei Hebbels Vorfahren war väterlicherseits der Beruf des Mauermannes zur Tradition geworden, bei der Familie der Mutter Antje Margaretha, geb. Schubart (am 1. Februar 1787), war es das Schusterhandwerk. Bei seiner Tätigkeit, die stark vom Wechsel der Jahreszeiten abhing, wurde es dem Maurer Hebbel vor allem im Winter schwer, seine Familie zu versorgen. Bald verfiel er auf den Gedanken, seine beiden Söhne – Hebbels Bruder Johann wurde am 20.

Wesselburen. Zeichnung von G. Wacker, 1834

Hebbels Geburtshaus. Modell

März 1815 geboren – mitarbeiten zu lassen – ebenfalls als Maurer. Er steckte sie in graue Leinenkittel und nahm sie als Handlanger mit auf den Bau. Für den kleinen Friedrich war das eine äußerst unangenehme Episode.

Jeden Sonntag ging Claus Friedrich Hebbel in die Kirche, wohin ein religiöses Bedürfnis ihn führte. Seine berufliche Strebsamkeit mischte sich mit kurzsichtigem Eigensinn. Er war erfüllt von dem Wunsch, das Gespenst der Armut und Schande von sich und seiner Familie fernzuhalten, und seine Verbitterung darüber, daß ihm das nicht gelingen wollte, machte ihn zu einem verschlossenen, harten, empfindlichen Mann:

Mein Vater haßte mich eigentlich, auch ich konnte ihn nicht lieben. Er, ein Sklav der Ehe, mit eisernen Fesseln an die Dürftigkeit, die bare Not geknüpft, außerstande, trotz des Aufbietens aller seiner Kräfte und der ungemessensten Anstrengung, auch nur einen Schritt weiterzukommen, haßte aber auch die Freude; zu seinem Herzen war ihr durch Disteln und Dornen der Zugang versperrt, nun konnte er sie auch auf den Gesichtern seiner Kinder nicht ausstehen; das frohe, brusterweiternde Lachen war ihm Frevel, Hohn gegen ihn selbst, Hang zum Spiel deutete auf Leichtsinn, auf Unbrauchbarkeit, Scheu vor grober Handarbeit auf angeborene Verderbnis, auf einen zweiten Sündenfall. Ich und mein Bruder hießen seine Wölfe; unser Appetit vertrieb den seinen, selten durften wir ein Stück Brot verzehren, ohne anhören zu müssen, daß wir es nicht verdienten. Dennoch war mein Vater ... ein herzensguter, treuer, wohlmeinender Mann; aber die Armut hatte die Stelle seiner Seele eingenommen.[19]

Die Mutter verstand es, die Wogen des häuslichen Streits zu glätten, und sie brachte immer wieder das Kunststück fertig, die Familie mit dem bescheidenen Verdienst ihres Mannes zu ernähren. Sie war der gute Engel in Hebbels Jugend, sie *war äußerst gutherzig und etwas heftig; aus ihren blauen Augen leuchtete die rührendste Milde, wenn sie sich leidenschaftlich aufgeregt fühlte, fing sie zu weinen an. Ich war ihr Liebling, mein zwei Jahre jüngerer Bruder der Liebling meines Vaters.*[20]

Als seine Mutter 1838 starb, schrieb Hebbel in sein Tagebuch: *Sie war eine gute Frau ... mit ihr habe ich meinen Jähzorn, mein Aufbrausen gemein. Obwohl sie mich niemals verstanden hat ... muß sie doch immer eine Ahnung meines innersten Wesens gehabt haben, denn sie war es, die mich fort und fort gegen die Anfeindungen meines Vaters, der ... in mir stets ein mißratenes, unbrauchbares, wohl gar böswilliges Geschöpf erblickte, mit Eifer in Schutz nahm, und lieber über sich selbst etwas Hartes, woran es wahrlich im eigentlichsten Sinn des Wortes nicht fehlte, ergehen ließ, als daß sie mich preisgegeben hätte.*[21]

Die Hebbels wohnten unter einem Dach mit dem alten Maurermeister Claus Ohl und seiner kleinen krummen Frau und einem Tagelöhner. Obwohl das Haus mit seinem Gärtchen, in dem einige Obstbäume wuchsen, einer Kate nicht unähnlich sah, fanden doch drei Familien darin Platz, und Hebbels Eltern lebten in der geräumigsten Wohnung.

Allerdings nicht lange. Denn der Vater hatte bei seiner Heirat eine Bürgschaft übernommen, die ihm zum Verhängnis wurde. Der Gläubiger trieb die Familie, nachdem er eine Zuchthausstrafe wegen Brandstiftung abgesessen hatte, 1819 aus dem Haus. Da der Erlös aus der Versteigerung die Schuld nicht deckte, wurde sogar der Hausstand verpfändet, den die Familie jedoch weiter benutzen durfte.

Die Schande und der soziale Abstieg trafen sie schwer. Der Umzug in die neue Wohnung Österstraße 3 – ein nach Osten gelegenes Eckzimmer und eine kleine Küche – kam den Kindern vor, als würde die Welt untergehen.

Einige Motive aus seiner Kindheit verarbeitete Hebbel in seinem Werk: Der alte tiefe Brunnen auf der Grenze zwischen dem väterlichen und dem Nachbargrundstück stand im Schatten von Bäumen, seine hölzerne Bedachung war gebrechlich und dunkelgrün bemoost; der ergiebige Birnbaum in dem kleinen Garten; der Kirchhof und die Leichenzüge, die an dem Haus vorbeikamen. Vor allem aber bilden die Atmosphäre im Elternhaus und die bürgerliche Enge Wesselburens den Hintergrund für die *Maria Magdalena*, und in die Gestalt des unerbittlichen Meisters Anton gingen Züge von Hebbels Vater ein.

Mit vier Jahren kam Friedrich Hebbel in die Klippschule, die *eine alte Jungfer, Susanna mit Namen, hoch und männerhaft von Wuchs, mit freundlichen blauen Augen*[22], nach ihren bescheidenen Fähigkeiten und mit gewinnbringender Parteilichkeit leitete. Ein unbekanntes Schicksal hatte diese Lehrerin ohne einen Heller in der Tasche auf hölzernen Pantoffeln nach Wesselburen geführt; die Einwohner vertrauten ihr die Kinder an, da sie lesen und schreiben konnte.

Im Unterricht rauchte sie ihre weiße Tonpfeife und trank eine Tasse Tee. Die Schüler regierte sie von *einem Respekt einflößenden urväterlichen Lehnstuhl* aus mit einem langen Lineal und einer Tüte Rosinen. Wohlhabender Leute Kinder genossen Susannas Wohlwollen, Habenichtse hatten auch bei ihr nichts zu lachen.

1819 machte eine allgemeine Reform diesem beschaulichen Schulunwesen ein Ende. Staatliche Elementarschulen wurden eingerichtet, auch in Wesselburen, *und an diese wurde ein Mann als Lehrer gewählt, dessen Namen ich nicht ohne ein Gefühl der tiefsten Dankbarkeit niederschreiben kann, weil er trotz seiner bescheidenen Stellung einen unermeßlichen Einfluß auf meine Entwicklung ausgeübt hat*[23]: Er hieß Franz Christian Dethlefsen und kam aus Eiderstedt.

Die geistigen Güter, die der Volksschullehrer in die dörfliche Abgeschiedenheit brachte, müssen dem halbwüchsigen Knaben Offenbarung gewesen sein. Aber Dethlefsen sorgte auch für das leibliche Wohl seines besten Schülers. Als Hebbels Vater 1827 starb, verwandte er sich bei dem angesehensten Mann des Ortes, dem Kirchspielvogt Johann Jakob Mohr, für seinen Schützling. In einem Akt der Barmherzigkeit nahm Mohr Hebbel zu sich.

Der Kirchspielvogt, Steuereintreiber des Bezirks und Inhaber der niederen Gerichtsbarkeit, war nur knapp fünfzehn Jahre älter als sein Angestellter. Er hatte das Johanneum in Hamburg absolviert und sein Jurastudium in Göttingen mit Auszeichnung beendet. Von vierzehn Kandidaten machte er das Rennen um das Amt in Wesselburen, das er 1826 übernahm. Sein Vorgänger hatte es freiwillig geräumt – durch Freitod.

Denn die Zeiten waren schlecht. Die Wirren der nachnapoleonischen Epoche stießen das Land in wirtschaftlichen Niedergang. Im

Johann Jakob Mohr

Kirchspiel wurden 35 Höfe zwangsverwaltet. 1825 hatte eine schwere Sturmflut die Deiche verwüstet, eine Mäuseplage drohte überhand zu nehmen.

Mohr beschäftigte seinen neuen Bediensteten zunächst als Botenjungen, ließ ihn dann gelegentlich Abschriften anfertigen und ernannte den Sechzehnjährigen schließlich zu seinem Hauptschreiber, ohne ihn jedoch entsprechend zu entlohnen. Hebbel zählte zum Gesinde und erhielt sein Essen am Gesindetisch. Mit dem Kutscher Christoph Sievers mußte er sein Nachtlager in einer Schranknische teilen. Nach den Vorstellungen der Zeit behandelte Mohr den Jungen damit nicht ungewöhnlich.

Hebbel war mit seinem Herrn, *einem ebenso menschenfreundlichen als gebildeten Manne* [24], der ihn *so gut* behandelte, *wie ich mir immer nur wünschen kann*, anfangs auch sehr zufrieden. Trotzdem hat er sein Haus in tiefem Unfrieden verlassen: *Ich denke hauptsächlich an jenen Mohr, der als ekelhafte Blattlaus über meine frische Jugend hinkroch und sich als jämmerliches juste milieu zwischen mich und die sogenannte bare, blanke Not ... hinstellte: o weh, wie hat der Mann mich in meiner tiefsten Menschlichkeit gekränkt.* [25]

Als Mohr sehr viel später, 1854, Hebbels Schüler und erstem Biographen Emil Kuh Material für dessen Werk verweigerte, griff der Dichter zur Feder und schickte ein geharnischtes Memorial von Wien nach Wesselburen, in dem er den einstigen Dienstherrn vor den Schranken moralischer Prinzipien abkanzelte. Er nannte ihn einen *Pseudo-Wohltäter* [26], der nichts für seine Bildung getan hatte; er warf ihm vor, daß er mit dem Gesinde beköstigt worden war und Mohrs abgelegte Kleider tragen mußte. Hebbel vergaß auch nicht, seinen Prinzipal daran zu erinnern, daß er die Dienstmagd Antje Hinrichs geschwängert und seinem Schreiber angetragen hatte, das Mädchen zu ehelichen. Sein Fazit: *Sie haben sich schwer an meiner Jugend versündigt.* – Der Kirchspielvogt las die Anklageschrift in eigener Sache nie, sie ging ungeöffnet nach Wien zurück.

17

Die Kirchspielvogtei, 1737 erbaut.
Hier war Hebbel von 1827 bis 1835 Laufbursche und Schreiber

Ludwig Uhland. Stahlstich von J. Serz

Nicht erwähnt hatte der Dichter, daß er in der Vogtei den Grundstock seines' Wissens legte und die «Götter» seiner Jugend kennenlernte. Mohr öffnete ihm seine Bibliothek von etwa tausend Bänden – darunter den Brockhaus von 1820 –, für den Klippschüler eine wahre Schatzkammer des Geistes. Als Autodidakt nutzte Hebbel diese Chance.

Ludwig Uhlands Gedichte wirkten am stärksten auf ihn. Sie *schlossen mich mir selbst auf, sie beschäftigten meinen Geist und erquickten und ernährten mein Gemüt. Uhland habe ich meine Selbsterhaltung zu danken, daher rührt die grenzenlose Verehrung, die ich für ihn hege.*[27] Neben diesen Schwaben stellte der junge Dithmarscher einen zweiten, Friedrich Schiller, den Lyriker. Die frühe Bekanntschaft wurde zu einer lebenslangen Auseinandersetzung. Hinter beiden trat ein dritter Dichter zurück: E. Th. A. Hoffmann, der ihn ebenfalls früh beeindruckte. Schiller und Uhland lehrten Hebbel die Form, die er jedoch nicht mit eigenem Inhalt füllte.

Königl. privilegirter
Ditmarser
und
Eiderstedter Bote.

Acht und zwanzigster Jahrgang.

25ste Reise.

Donnerstag, den 18ten Juni 1829.

Sehnsucht.

In der Ferne liegt das vergangene Glück
Und Stürme umbrausen das Leben,
Und nächtliche Finsterniß dunkelt den Blick —
Umsonst sieht er vorwärts, umsonst zurück —
Nichts, nichts kann Ruhe mir geben.

Wohl strahlt mir entgegen ein heiterer Stern,
Eine Rose wohl sehe ich glühen,
Doch die Hoffnung ist mir auf ewig fern —
In Nacht und Nebel weilt sie nicht gern —
Auf immer seh' ich sie fliehen.

Wohl prangt in der Ferne ein liebliches Bild,
Doch nimmer werd' ich's umfangen;
Es strahlt so heiter, so engelmild,
Doch Orkane umbrausen mich furchtbar wild,
Nie werd' ich die Holde erlangen.

Du Holde, du Göttliche, gieb mir Gehör,
Gieb Hoffnung mir flehendem Armen —

25

«Ditmarser und Eiderstedter Bote».
Ausgabe vom 18. Juni 1829 mit einem Gedicht von Hebbel

Am 4. September 1828 erschien im «Ditmarser und Eiderstedter Boten», einem bescheidenen Provinzblatt, sein erstes Gedicht *Schmerz und Welt*. Weitere folgten, *Der Traum, Das höchste Lebendige, Die einsamen Kinder*, meistens anonym, und alle «tragen durchaus noch den unselbständigen Charakter phrasenhafter Konfirmandendichtung»[28]. Doch sie verbindet noch mehr: «Die gemeinsame Abhängigkeit von den Quellen.»

Christoph August Tiedge lieferte den Stoff. In seinem viel gelesenen lyrisch-didaktischen Gedicht in sechs Gesängen «Urania», das 1862 in achtzehnter Auflage erschien, verbreitete Tiedge sich über Gott, die Unsterblichkeit und die Freiheit. Sein großes Vorbild war Immanuel Kant, und dessen Gedanken aus der «Kritik der praktischen Vernunft» brachte Tiedge in kleiner Münze unter das Volk. An Hand der «Urania» setzte Hebbel seinen Fuß zum erstenmal in das Gebäude der Gedankenwelt des deutschen Idealismus.

Er ließ sich jedoch noch von zwei weiteren Schriftstellern andere Wege öffnen, von Ludwig Feuerbach und Gotthilf Heinrich Schubert. Beide las er bereits mit fünfzehn und sechzehn Jahren, und beide begleiteten ihn in der folgenden Zeit, aber Hebbel hat seiner Lehrmeister nie gedacht.

Feuerbachs «Gedanken über Tod und Unsterblichkeit aus den Papieren eines Denkers, nebst einem Anhang theologisch satirischer Xenien, herausgegeben von einem seiner Freunde» kamen 1830 anonym in Nürnberg heraus. Vor allem diese Schrift des Anführers der Hegelschen Linken beeindruckte Hebbel. Ihr verdankt er die Bekanntschaft mit Georg Wilhelm Friedrich Hegel und den Einblick in die philosophischen und religiösen Auseinandersetzungen zur Zeit der französischen Juni-Revolution 1830.

Doch auch Hegels Studienfreund aus den glücklichen Tagen des Tübinger Stifts, Friedrich Wilhelm Joseph von Schelling, war in Wesselburen kein Unbekannter. Hebbel las ihn zwar nicht im Original, aber der romantische Naturschriftsteller Schubert, der sich nach einem religiösen Erlebnis in christliche Mystik versenkte, dolmetschte Hebbel das Werk des Philosophen in seiner Schrift «Ansichten von der Nachtseite der Naturwissenschaft», das Hebbel in der Ausgabe von 1818 mit fünfzehn Jahren in die Hände fiel.

Stolz behauptete er später: *Ich habe seit meinem zweiundzwanzigsten Jahre ... nicht eine einzige wirklich neue Idee gewonnen.*[29] Er stellte seiner geistigen Ausbildung in Wesselburen damit ein glänzendes Zeugnis aus. Tatsächlich war der Rahmen seiner Weltanschauung gefügt, bevor er Dithmarschen verließ. Seine frühen Gedichte enthalten im Ansatz fast alle Grundgedanken, die sich durch das ganze Werk ziehen.

Das Zentrum bildet der Dualismus. Er *geht durch alle unsere Anschauungen und Gedanken, durch jedes einzelne Moment unseres Seins hindurch, und er selbst ist unsere höchste, letzte Idee. Wir haben außer ihm ganz und gar keine Grund-Idee. Leben und Tod, Krankheit und Gesundheit, Zeit und Ewigkeit, wie eins sich gegen das andere abschattet, können wir uns denken und vorstellen, aber nicht das, was als Gemeinsames, Lösendes und Versöhnendes hinter diesen gespaltenen Zweiheiten liegt.*[30]

Dieser Urgegensatz besteht notwendig, denn die «Notwendigkeit» drückt allem ihr Siegel auf. Die «Individuation», die Trennung des Einzelnen vom All, bedingt die «Existenzschuld» des Menschen, die durch seine Geburt gesetzt wird und von Hebbel durchaus anders verstanden wurde als die christliche Erbsünde. Den Hintergrund bildet das «Universum», dem der Mensch in Schlaf und Traum verbunden ist: *Der Schlaf ist die Nabelschnur, durch die das Individuum mit dem Weltall zusammenhängt.*[31] Der Dichter, zumal der dramatische, ist für Hebbel ein bevorzugtes Wesen, weil er in Verbindung mit dem Weltgeist steht, ja, er ist dessen Organ, und daher lebt er einsam unter den Menschen.

Die Summe von Hebbels Grundgedanken macht kein philosophisches System. Es sind Überzeugungen, die lose zueinander passen, denen die logische Fügung zu einem geschlossenen Ganzen jedoch fehlt.

Dithmarsische Sklaverei[32], so empfand Hebbel das Leben in der Amtsstube des Kirchspielvogts, die Mahlzeiten am Gesindetisch und die Nächte mit dem Kutscher: *Meine Jugend war eine Hölle, meine frühesten Jünglingsjahre mußte ich auf der schnöden Galeere unter dem Kommando eines vornehmen Philisters vergeuden.*[33] Nur selten räumte er ein, daß ihm das beengte Leben in der Abgeschiedenheit gewisse Vorteile brachte: Wesselburen, das bedeutete zwar Einsamkeit, aber auch *reine und ungestörte Entwicklung meiner dichterischen Natur*[34], fernab von den *Dressur-Anstalten des Staates*[35].

Als er in Wesselburen lebte, trieb panische Angst ihn fort: *Ich bin einundzwanzig Jahre alt und für die Aufgabe meines Lebens ist nichts geschehen. Dieses Nichts ist hinreichend, mich zu einem Nichts zu machen ... nur noch ein Jahr, und meine Kraft ist gebrochen ... Meine Seele verliert die Spannkraft; die Lage zerstört den Menschen, wenn der Mensch die Lage nicht zerstören kann.*[36]

Trotzig bekannte Hebbel sich später zu diesen Jahren: *Ich will meiner Not nichts verdanken als höchstens meinen Charakter.*[37] Er meinte, daß die *schmachvolle Kopisten-Stellung ... in das Innerste meines Wesens, in meinen Charakter übergegangen ist, so daß ich ... nie den Augenblick zu ergreifen, nie mich geltend zu machen wage*[38].

In umgekehrtem Sinn wurde Wesselburen zur geistig-seelischen Lebensform des Dichters. Der in seiner Jugend von Not, Armut, von dem Mangel an geistigen Gütern und von fremden Menschen abhängige Hebbel wurde zu einem Herrscher. Er wollte dem *furchtbaren Abgrund*, der ihm *von Kindheit auf vertraut war*, entgehen: *...wenn meine Eltern auch nicht gerade darin lagen, so kletterten sie doch am Rande herum und hielten sich nur mühsam mit blutigen Nägeln fest.*[39]

Wesselburen hat ihn geprägt. Seine übergroße Empfindlichkeit und der leicht verletzliche Stolz ließen seine Selbstgerechtigkeit spon-

Gotthilf Heinrich Schubert.
Stich von P. Barfus

tan aufbrausen. Hebbel konnte streng sein, hart und unerbittlich. Er forderte Gehorsam und zerschlug menschliche Beziehungen, wenn er sich ungerecht behandelt oder angegriffen fühlte. Wie Meilensteine markieren seine Abrechnungen den Weg seiner Freundschaften.

Er kannte nur Freunde oder Feinde, der Kompromiß war seiner unbedingten Aufrichtigkeit fremd. Wo es jedoch notwendig war, stand ihm die Verstellung in bescheidenem Maß zur Verfügung. Selten benutzte er sie, um den äußeren Glanz einer Fassade zu wahren. Die Angst vor der Armut und die Furcht vor der Schande blieben Hebbel zeitlebens vertraut. Mit einer fast peniblen Genauigkeit trug er in späteren Jahren auch den kleinsten Betrag ins Haushaltsbuch ein, und gewissenhaft führte er 30 Jahre hindurch sein Tagebuch.

Die Leichtigkeit fehlte ihm, und selten konnte er großmütig sein. Gelassenes Abwarten kannte er nicht. Sein ganzes Leben war krampfhaftes Ringen um Form. Als er sie erreicht hatte, zeichneten ihn auch die Spuren des Kampfes.

Ungeduldig und hartnäckig, aber ohne Plan für die Zukunft, begann Hebbel diesen Kampf mit seiner Befreiung aus Wesselburen. Er wollte weg und wußte nicht, wohin. Da er keinen Beruf hatte, war es ungewiß, womit er sein Brot verdienen sollte. Er meinte, daß die Feder des Dichters den Menschen schon sättigen würde. Denn im Grunde vertraute er einzig auf sein dichterisches Talent, dem er bisher nur einige wenige unselbständige Proben verdankte. Er lebte von der Hoffnung, er *würde aufblühen wie Aarons Stab* [40], wenn er Wesselburen erst verlassen hätte. Deshalb machte er sich auf den Weg zu sich selber, ohne zu wissen, ob er je ankommen würde. Der Glaube an sich bildete seinen stärksten Antrieb.

In Wesselburen konnte er allerdings so wenig verlieren, daß er sicher sein durfte, überall mehr zu gewinnen. Er zögerte nicht länger, die *Pforte meines Gefängnisses* [41] aufzustoßen, hinter der er *in Block und Eisen lag* [42].

Der erste Plan, den die Not reifte, war ein Entschluß, den Hebbel nicht aus Liebe zur Sache faßte: ans Theater zu gehen und Schauspieler zu werden. Er fuhr nach Hamburg und stellte sich dem Direktor des Stadttheaters Karl Lebrun vor. Der Praktiker schickte den jungen Idealisten zurück in das Leben hinter den Deichen und den Gräben der Marsch, er riet ihm unbedingt ab.

Jetzt sollte der verehrte Ludwig Uhland helfen. Hebbel klammerte sich an diesen Gedanken und richtete seine ganze Hoffnung darauf. Doch er wurde enttäuscht. Nur eine Schreiberstelle erbat er in einem Brief, aber Uhland konnte nicht helfen. Sein Trost war ein Lob für die beigefügten Gedichte und eine freundliche Antwort voll Teilnahme. Im übrigen forderte er Hebbel auf, an sich zu arbeiten und eine bessere Wendung der Umstände abzuwarten.

Daran dachte dieser freilich nicht. Er hatte *noch einen Plan ... den ich am liebsten von allen realisiert sähe: Ich möchte mich nämlich an Oehlenschläger mit der Bitte um Forthilfe und Beförderung wenden.*[43] Zwar kannte Hebbel nur zwei Werke des dänischen Dichters, den Roman «König Hroa in Leire» und das Schauspiel «Ludlams Höhle», aber er bewunderte ihn. Hinzu kam, daß er sich eines persönlichen Bekannten als Boten bedienen konnte. Sein Jugendfreund H. A. Th. Schacht studierte in Kopenhagen.

An ihn schrieb Hebbel zunächst mit der Bitte, Kundschafterdienste zu verrichten: über die Persönlichkeit und die Titel Oehlenschlägers, über seinen Kontakt zur Universität und die Art und Weise, wie man ihn behandeln müsse. Hebbel war überzeugt: *Er ist ein großer und ... zugleich ein feiner Mann; dem großen Mann werden einflußreiche Verbindungen gewiß wie von selbst in Menge kommen, und der feine Mann wird sie sich sicher zu erhalten und sich unentbehrlich zu machen wissen; er steht der Wahrscheinlichkeit nach sogar in gutem Vernehmen mit dem Königlichen Hof.*

Mitte Januar 1834 setzte Friedrich Hebbel seinen Brief *an den Herrn Professor* auf, aber das so gut vorbereitete Unternehmen verlief im Sande. Wahrscheinlich hat Schacht das Schreiben, das er weiterleiten sollte, nicht befördert; Oehlenschläger jedenfalls ließ nichts von sich hören.

Das konnte Hebbel ihm nicht verzeihen. Gut ein Jahr später nahm er sich *eine Danksagung*[44] vor, die er auch verwirklichte. Als er 1837 Oehlenschlägers Gedichte las, schrieb er in sein Tagebuch: *Nun doch so ganz und gar nichts! Solche dicken, niederträchtigen Erdschwämme, die sich für Blumen ausgeben! Am widerlichsten ist's mir, daß dies halb ausgebackene Gesindel immerfort von Sängers Beruf, von Sängers Lust und Leid schwelgt ... wäre ich Rezensent, so schlöß ich meine Rezension wie folgt: ich muß abbrechen, denn ich mache meinen eigenen Verstand verdächtig, wenn ich anderen nicht den Verstand zutraue, solche Gedichte pp. pp. pp.*

Hilfe wurde dem jungen Friedrich Hebbel von einer ganz anderen Seite zuteil, von einer starken Persönlichkeit des schwachen Geschlechts. Die Hamburger Schriftstellerin Amalie Schoppe hatte in ihren «Neuen Pariser Modeblättern» ein paar Gedichte des Wesselburener Poeten publiziert. Dadurch machte sie einige ihrer wohlhabenden Bekannten auf den Zweiundzwanzigjährigen aufmerksam. Sie glaubten, die unselbständigen Versuche des werdenden Dichters fördern zu sollen und stellten bescheidene Mittel für einen Aufenthalt in Hamburg bereit.

Im März 1835 endete die *Dithmarsische Sklaverei*; Friedrich Hebbel begann eine zehnjährige Odyssee. Vor ihm lagen Jahre der finanziellen Unsicherheit, des suchenden Umherschweifens und dichterischen Zweifels. Er überlebte die Zeit, gestützt auf die Hilfe anderer, hart am Rande des Abgrunds.

Wanderschaft und Studium: Hamburg–Heidelberg–München

Metropole des Nordens durfte die Freie und Hansestadt Hamburg sich bereits im ersten Drittel des 19. Jahrhunderts nennen. Die Schifffahrt auf der Elbe füllte dem Kaufmann den Beutel, die Alster lehrte ihn Geselligkeit. Mit Handwerkern, Händlern und einigen Industriearbeitern lebten die Patrizier hinter den Stadtmauern, deren Tore sich nachts schlossen. Der allgemeine Aufschwung des Handels und die Auswanderung hatten neue Märkte erschlossen, deren Ertrag in die heimischen Kassen floß. Auf einsamer Höhe stand – zumal in seinen eigenen Augen – der Überseekaufmann, der eigentlich nur Souveräne als seinesgleichen duldete.

Die Gründung des Stadttheaters 1827 ließ die große Epoche, die Lessing, Klopstock und Friedrich Ludwig Schröder geprägt hatten, ein wenig vergessen. Julius Campe begann 1823 seine Tätigkeit und baute die Firma Hoffmann und Campe zu einem der führenden Verlage in Deutschland aus.

In diese Stadt kam Hebbel, um nachzuholen, was er versäumt hatte. Seine Gönner ließen ihn nicht im unklaren darüber, was das bedeutete: Latein und Griechisch lernen, Abitur machen, um ein juristisches Studium beginnen zu können. Die Amtsstube in Wesselburen und die Arbeit als Schreiber eines Gerichtsherrn schienen dafür eine gute Empfehlung.

Sehr schnell erkannte Hebbel, daß er in einem falschen Zug saß. Den Vokabeln der alten Sprachen verschloß sich sein nicht mehr ganz junger Kopf. Ein Schüler des Johanneums, jünger als Hebbel, plagte sich zwar unentgeltlich, aber auch vergeblich, dem Zugereisten die Grammatik als ein notwendiges Übel verständlich zu machen; für Hebbel blieb sie nur ein Übel. Bei jeder Gelegenheit verleitete er seinen «Lehrer» zum Disput über Probleme, die ihn beschäftigten, über Dichtung, die Welt, über Schicksal und Traum, Notwendigkeit und Freiheit.

Den *Bedienten-Tisch* [45] im Hause des Kirchspielvogts mußte er mit dem *Gnadentisch* bei allerlei Leuten vertauschen. Sie luden ihn

zum Essen und verlangten dann und wann von dem gänzlich Mittellosen, Reste mit nach Hause zu nehmen *und seine Milch selber zu
holen.* Für den aus der Unterdrückung Entflohenen waren das *Indeli-
katessen, durch die ich vor der ganzen Nachbarschaft zum Bettler ge-
stempelt worden wäre.*

Wie tief Hebbel die Abhängigkeit verletzte, wird deutlich aus dem
mit Ironie gemischten Stolz, der aus den ersten Sätzen seines Tagebuchs spricht: *Ich fange dieses Heft nicht allein meinem zukünftigen
Biographen zu Gefallen an, obwohl ich bei meinen Aussichten auf
die Unsterblichkeit gewiß sein kann, daß ich einen erhalten werde.*[46]
Am 23. März 1835 begann er dieses *Notenbuch meines Herzens,* und
getreu hat er es bis zu seinem Tode geführt.

Nicht die Ereignisse im Ablauf des Tages vertraute er den Seiten
an, er hielt seine Ideen über alle ihn bewegenden Probleme fest, notierte sich Auszüge aus Büchern und wichtige Briefe. Die Blätter spie-
geln weniger das Werden des Menschen als das Ringen des Dichters.
Und als die Hefte 1885 von Felix Bamberg veröffentlicht wurden, erfüllte sich die Prognose der Hamburger Tage: Obwohl der Herausgeber recht selbstherrlich mit dem Werk umging, weil er des Dichters

Hamburg: Hopfenmarkt und St. Nicolai-Kirche. Stich von D. M. Kanning

Bild makellos zu zeichnen wünschte, gaben die Tagebücher den Anstoß zu einer breiten Hebbel-Forschung.

Wenig Hilfe fand Hebbel bei der Frau, die ihm den Schritt in die erhoffte bessere Zukunft ermöglicht hatte. Amalie Schoppe, geb. Weise, eine Mittvierzigerin, ernährte sich und ihre drei Söhne nach einer zerbrochenen Ehe – ihr Mann hatte sich in der Elbe ertränkt – mit der Feder.

Eine Freundin von Rosa Maria Varnhagen, der Schwester des Dichters Karl August Varnhagen, und außer mit diesem auch mit Justinus Kerner und Adelbert von Chamisso bekannt, schrieb sie in skriptomanem Rausch am Rande der Romantik in dreizehn Jahren 118 Werke: Kinder- und Gebrauchsbücher («Der bürgerliche Haushalt in seinem ganzen Umfang, ein Hand- und Hilfsbuch für gute Hausfrauen und solche, die es werden wollen», 1844), historische Romane und Erzählungen. Allein 1838 erschienen elf Bände im Druck. Je breiter der Strom, den Amalie Schoppe in täglich vierzehnstündiger Arbeit erzeugte, anschwoll, desto seichter wurde er; schließlich versandete er im Banalen. Der literarische Erguß ihres intensiven Phantasielebens war für sie Broterwerb; für Hebbel bedeutete Dichten Verwirklichen der eigenen Existenz.

Da konnte der Konflikt nicht lange ausbleiben. Hinzu kam, daß Amalie Schoppe den jungen Wesselburener als Genie begrüßte, ihn nach der Lektüre der *Judith* neben Shakespeare stellte und ihn Bekannten gegenüber als ihre Entdeckung feierte: «Sie müssen wissen, daß ich geistig Hebbels Mutter bin; ich grub diesen Schatz ans Licht.»[47] Nichts lag diesem ferner, als neu unters Joch zu treten.

Den Anlaß des unschönen Streits bildeten wohl ein paar Kaffeeflecken auf «Modeblättern», die Hebbel sich ausgebeten hatte. Der tiefere Grund war wahrscheinlich die gekränkte Natur der Frau, die sich in ihrer geistigen Mutterschaft tief verletzt fühlte. Bei Hebbel war es der Zorn über die Anmaßung, ihn zu bevormunden.

Der junge Literat griff 1840, während des zweiten Aufenthalts in Hamburg, zur Feder und schrieb die erste seiner berühmt-berüchtigten Abrechnungen, weil er sich vor Verleumdungen schützen wollte. Die betroffene Gönnerin dachte daran, das 30 Seiten starke Memorial *auf den Abtritt zu werfen*[48], schickte es dann jedoch sofort zurück.

Später besserte sich das Verhältnis wieder. 1850 besuchte Hebbel Amalie Schoppe in Hamburg, und als die vom Schicksal nicht geschonte Frau – ihre drei Söhne waren auf die schiefe Bahn geraten, die für zwei sogar im Gefängnis endete – kurz vor Vollendung ihres 67. Lebensjahres in Schenectady, USA, wohin sie ihrem Sohn Alphons noch als Sechzigjährige gefolgt war, im Jahre 1858 starb, widmete Hebbel ihr das Distichon, das auf der Rückseite ihres Grabsteins steht:

Wie von den einzelnen Mühen und Lasten des Lebens im Schlummer,
Ruht sie vom Leben selbst endlich im Tode sich aus.[49]

*Amalie Schoppe, etwa 37 Jahre alt, Titelkupfer des Jahrgangs
1833 der Zeitschrift «Iduna». Nach einem verschollenen Ölbild
von Johann Jürgen Sickert, etwa 1828*

In Hamburg wohnte Hebbel am Stadtteich 43 bei dem Zimmer-
mann und Schiffer Johann Jakob Arendt Ziese, der trotz seiner Fracht-
fahrten im eigenen Boot auf der Elbe wirtschaftlich nicht auf festen
Boden kam. Er strandete im Armenhaus. Bei ihm lebte auch seine
Stieftochter Maria Dorothea Elisabeth Lensing, genannt Elise. Sie war
am 14. Oktober 1804 in dem 3000 Einwohner zählenden Städtchen
Lenzen an der Elbe, Westprignitz, geboren worden. Im Hause ihres
Vaters, eines Chirurgen ohne akademische Ausbildung, hatte sie
eine harte Jugend verlebt.

Sie unterrichtete eine Zeitlang als Lehrerin in der Hansestadt und bestritt ihren Unterhalt in den dreißiger Jahren als Putzmacherin. Eine bescheidene väterliche Erbschaft gab ihr eine gewisse Unabhängigkeit. Nebenbei vermietete sie, unterhielt einen Mittagstisch und führte vorübergehend einen kleinen Laden.

Schon nach sechs Wochen wechselte Hebbel in ein benachbartes Haus, um Gerede zu vermeiden. Amalie Schoppe hatte ihn gewarnt. Aber es war bereits zu spät. Das alternde Mädchen hatte ihr Herz an den jungen Hausgenossen verloren: ... *wie mir die Güte gleich beim Eintritt entgegenkam, so habe ich die Liebe mit fortgenommen,* schrieb Hebbel in sein Tagebuch, Elise *hängt unendlich an mir* [50].

Für die Einunddreißigjährige offenbarte sich eine lang entbehrte Welt, dem mittellosen und einsamen Hebbel trat eine hingebungsvolle, sorgende Frau mit einer beträchtlichen geistigen Bildung gegenüber. Sie verlangte wenig und forderte nie etwas. Ihm erschloß sich ein zwar beschränkter, aber gesicherter Ruheplatz, an den er zweimal zurückkehrte. Auch in der Ferne gab das Verhältnis zu Elise seinem Leben oft den einzigen Halt.

Nie täuschte er die Freundin darüber, daß er nicht geben konnte, was sie ersehnte, Liebe. Seine Aufrichtigkeit vermochte jedoch nicht, ihren Wunsch, seine Frau zu werden, zu zerstören. Sie hat alles für ihn getan und ihm alles gegeben, weil ihre Hoffnung auf ein gutes Ende an seiner Seite stärker war. Hebbel hat sie *verehrt, ja angebetet ... ohne zu lieben* [51].

Das Band zu lösen, hatte keiner die Kraft; es wurde zur Fessel, die beide aneinanderkettete, bis Hebbel sie gewaltsam zerriß. Elise Lensings Liebe blieb auf der Strecke. Auf den Menschen Friedrich Hebbel fällt seitdem ein dunkler Schatten.

Auch ohne Abitur wagte er von Hamburg aus einen neuen Sprung in eine ungewisse Zukunft. Elise ermöglichte es ihm, nach Heidelberg zu gehen und Jura zu studieren. *Dieses Frauenzimmer ... reichte mir ... aus eigner Bewegung die Hand; sie schoß mir nach und nach ... eine Summe von fünfhundert Reichstalern vor, ja, sie tat, um mein Gemüt von seiner drückendsten Sorge zu befreien, noch mehr, sie unterstützte meine Mutter, sandte ihr ... halbjährlich die Miete und erfreute sie ... außerdem noch mit Geld- und sonstigen Geschenken, die sie ihr in meinem Namen zufließen ließ ... Diese jährlichen ... Zuwendungen, ohne welche meine akademische Existenz ... gar nicht möglich gewesen wäre, hatte ich v o n d e m F r ä u l e i n L e n s i n g; ihr also bin ich dafür, daß mein Studieren nicht ein bloßes Objekt blieb ... den Dank schuldig ...* [52].

Am 13. April 1836 brach Hebbel mit drei Freunden auf, unter ihnen auch G. W. Gravenhorst, der ihm Nachhilfeunterricht gegeben hatte. Er wollte etwas anderes als Vokabeln lernen. Aber was, darüber besaß er durchaus keine klare Vorstellung. Er wußte nur, daß er Hamburg wie Wesselburen verlassen mußte.

In Heidelberg fand der angehende Student bei dem Knopfmacher Neuer, Untere Straße, ein bescheidenes Logis. Hier wohnte schon ein

Student, der Sohn eines Regierungsrats aus Ansbach, Emil Rousseau, der ebenfalls Jurisprudenz studierte. Die beiden jungen Männer schlossen Freundschaft.

Der Ordinarius für Bürgerliches Recht, Anton Friedrich Justus Thibaut, erlaubte dem nicht Examinierten, an seinen Vorlesungen und Seminaren teilzunehmen. Hebbels Begegnung mit der Wissenschaft endete jedoch in einer Katastrophe. Schon nach einem Monat klagte er: *Das Leben hier sagt mir so wenig zu, daß ich, wenn ich nur irgendeinen Ausweg vor mir sähe, die Studien niederlegen würde; die äußeren Hindernisse sind fast unübersteiglich ... die Wissenschaften verlangen vielfältig einen Karrenschieber, das kann der Mensch aber nur in demjenigen Alter sein, wo er noch nichts ist.*[53]

Für die Juristerei insbesondere konnte er sich gar nicht erwärmen: *Sie ist freilich nicht meine Braut, sie ist in meinen Augen eine feile Mätresse ... die sich in sehr vielen Stücken der Macht und Gewalt willig ergeben und in ehrlosem Beischlaf manchen Gesetz-Bankert erzeugt hat.*[54]

Das studentische Leben zog an Hebbel vorbei, ohne ihn zu berühren. Die Wellen akademischer Fröhlichkeit wogten an ihm vorüber, trugen ihn aber nur selten. Die andern amüsierten sich und genossen die Freiheit, wie sie sie verstanden; sie besaßen Geld und konnten ihr Bier trinken. Er stand abseits, *zu alt und zu ernst, um einen gemeinsamen Himmel mit ihnen haben zu können*[55], und in seiner schmalen Börse fand er nicht immer das Notwendigste zum Leben. So verbrachte Hebbel einen Sommer in großer Niedergeschlagenheit.

Ihm blieben die Natur, die er auch ohne Geld genießen konnte – ohne es freilich zu tun, denn die Umgebung Heidelbergs gefiel ihm nicht –, und seine literarischen Versuche. In der Stadt der Romantik gelangen Hebbel einige seiner schönsten Gedichte, *Herbstgefühl* und *Nachtgefühl* etwa. Am 6. Mai entstand das *Nachtlied*, das der Dichter selber als sehr gelungen beurteilte:

Nachtlied

Quellende, schwellende Nacht,
    Voll von Lichtern und Sternen:
    In den ewigen Fernen,
Sage, was ist da erwacht!

Herz in der Brust wird beengt,
    Steigendes, neigendes Leben,
    Riesenhaft fühle ich's weben,
Welches das meine verdrängt.

Schlaf, da nahst du dich leis,
    Wie dem Kinde die Amme,
    Und um die dürftige Flamme
Ziehst du den schützenden Kreis.[56]

Ganz unter dem Einfluß von Schiller und Uhland, schwankend zwischen beiden, hatte Hebbel in seiner Jugendlyrik planlos und pathetisch Themen besungen, die zweitrangige Schriftsteller ihn lehrten: Traum und Empfindsamkeit, Tod, Liebe und Schlaf. Früh schon stieß er Schiller als Lyriker von dem Podest, auf das er ihn selber gehoben hatte. Seine Gedichte beurteilte er als *die kalten Früchte des Verstandes, nicht die charakteristischen Ergüsse eines erregten Gemüts* [57]. Uhlands Stern dagegen stieg höher und erglänzte immer reiner. Stets blieb der Schwabe Hebbels Vorbild als Lyriker, weil er *nichts verschmähte – nur das, was ich bisher für das Höchste angesehen hatte, die Reflexion* [58].

Wenn Hebbel Schiller vorhielt, er habe in seinen Gedichten *nur Gefühl für Gedanken* [59], dann legte er den Finger genau in die Wunde, an der auch seine Lyrik krankte. In Hebbel dominierte die dramatische Anlage, sie bildete das Zentrum seines Schaffens, nicht die lyrische Begabung. Ihm fehlte der Naturlaut, über den Hölderlin gebot oder Storm.

Außerdem blockierte die vollendete Form der Gedichte, die Goethe und die Romantik der Nachwelt übergeben hatten, als beherrschendes Erbe die lyrische Produktion der Nachgeborenen. Wer wollte angesichts dieser Vollkommenheit noch den Mut aufbringen, Gedichte zu schreiben! Diesen Bann zu durchbrechen, hätte es eines größeren lyrischen Talents bedurft, als es Hebbel gegeben war. Wie gültig diese Form empfunden wurde, zeigt die Tatsache, daß erst Naturalismus und Expressionismus diese schöne Harmonie unter dem Eindruck einer neuen Zeit zu überwinden vermochten.

Dennoch schuf Hebbel ein reiches Werk lyrischer Formen: Lied, Ballade, Sonett, Epigramm, das durchaus seine ganz eigene Sprache spricht, freilich oft die der Reflexion und nicht der Empfindung:

Höchstes Gebot

Hab Achtung vor dem Menschenbild,
Und denke, daß, wie auch verborgen,
Darin für irgendeinen Morgen
Der Keim zu allem Höchsten schwillt!

Hab Achtung vor dem Menschenbild,
Und denke, daß, wie tief er stecke,
Ein Hauch des Lebens, der ihn wecke,
Vielleicht aus deiner Seele quillt!

Hab Achtung vor dem Menschenbild!
Die Ewigkeit hat eine Stunde,
Wo jegliches dir eine Wunde
Und, wenn nicht die, ein Sehnen stillt! [60]

Gedanken und Gefühle verschmelzen zu keiner bruchlosen Reinheit, oft endet die Absicht bewußten sprachlichen Formens im Formelhaften. Das Ideal kannte Hebbel wohl. Lyrik sei dort *am vollkommensten*, schrieb er in einer Rezension von Heinrich Heines «Buch der Lieder», wo Gefühl und Gedanke *gleichmäßig und unzertrennt tätig sind, wo der Stoff aus der Tiefe des Gemüts als geniales Gefühl aufsteigt, und die Reflexion die einrahmende Form erzeugt* [61]. In seinen besten Gedichten kam Hebbel diesem Ziel ganz nah, in *Abendgefühl, Weihe der Nacht, Sommerbild, Herbstbild*. In ihnen verbindet sich eine einfache bildhafte Sprache mit schlichtem Strophenbau und einem überschaubaren Thema zu einem geschlossenen Ganzen. Über den größeren Teil seiner Lyrik aber urteilte Hebbel selber: Es sind *Gedanken-Gedichte* [62]. Der Dramatiker Hebbel stand dem Dramatiker Schiller stets viel näher als dem Lyriker Uhland.

In Heidelberg begann Hebbels fruchtbarste Zeit lyrischer Produktion. Schon zwei Jahre später glaubte er, die höchste Steigerung erreicht zu haben, und 1839 äußerte er in einem Gespräch mit Karl Gutzkow, *über den jetzt erreichten Punkt nicht mehr hinauszukommen und daß deshalb etwas durchaus Abgeschlossenes in meiner Sammlung vorliege* [63].

Von 1836 bis 1848 entstanden etwa dreihundert Gedichte, ein Drittel davon allein in den ersten drei Jahren. Von 1849 bis zu seinem Tode schrieb Hebbel nur knapp hundert Gedichte. Dafür trat bei ihm die Tendenz umzuarbeiten, um Harmonie und Versöhnung zu erreichen, beherrschend hervor. Friedrich Hebbels Gedichte erschienen zuerst bei Hoffmann und Campe 1842 in Hamburg. *Neue Ge-*

dichte besorgte J. J. Weber 1847 in Leipzig, und die Gesamtausgabe brachte Cotta in Stuttgart 1857 heraus, zwanzig Jahre, nachdem einige der schönsten entstanden.

Darüber wurde Hebbel sich in Heidelberg bald klar: bleiben konnte er nicht und in Hamburg *im Nebel jener vor Dumpfheit und Geldaristokratie strotzenden reichen und Reichsstadt meinen abermaligen Landungsplatz zu suchen* [64], war ebenfalls unmöglich. Wohin also? Auf diese Frage gab es nur eine Antwort: Nach München! Die Hauptstadt Bayerns zog auch damals literarische Existenzen wie ein. Magnet an.

Hebbel hatte gehört, daß man dort billiger leben könne. In der Glyptothek wollte er Kunstwerke betrachten und außerdem glaubte er, leichter Kontakt zu Journalisten zu finden. Auch war Emil Rousseau bereit, dem Freund zu folgen.

Am 29. September 1836 trat Hebbel die siebzig Meilen weite Fußreise an. In Straßburg besichtigte er das Münster, in Stuttgart besuchte er den Bruder des Märchendichters Wilhelm Hauff, den Redakteur des «Morgenblattes» Hermann Hauff, der ihn als Münchner Korrespondenten einsetzen wollte. Hebbel sprach auch bei Gustav Schwab vor, der ihn sehr freundlich aufnahm und ihm einige Zeilen an Uhland mitgab. Der Besuch bei dem verehrten Vorbild in Tübingen enttäuschte den ehrfurchtsvollen Schüler; *Ich wollte g e d r ü c k t, ja e r d r ü c k t sein, und eben dies, daß Uhland mich nicht drückte, war mir zuwider.*[65] Dem werdenden Dichter war der berühmte Poet *fast zu simpel.*

Bald nach Hebbel traf auch sein Freund in München ein. Rousseau war vier Jahre jünger und ordnete sich dem Älteren vom ersten Tag an unter, ohne sich jedoch aufzugeben. Durch Hebbels Einfluß studierte er jetzt auch Philosophie und Geschichte, wie sein Vorbild es – zuweilen – tat. Emil Rousseau muß eine starke Persönlichkeit gewesen sein. Hebbel rühmte ihn als einen sanftmütigen, doch energischen und Heuchelei und Lüge verabscheuenden Menschen. Er *war der beste Mensch, den die Erde je getragen hat* [66].

Wenige Tage nach seiner Promotion starb er 1838 an Typhus. Nie hat es Streit zwischen den beiden gegeben, wenn das auch nicht – wie Hebbel einräumt – an ihm lag. Rousseau besaß die Kraft, dem ungestümen Wesen des Freundes die Spitzen zu nehmen. Sein Tod traf Hebbel tief: *Erst jetzt ist die Welt mir öde. Wenn ich aus meinem Fenster sehe und mir denke: er kommt nie mehr vorüber, er winkt nie mehr hinein, er öffnet die Tür nicht wieder und fragt mit seiner sanften innigen Stimme, wie geht es Dir? ach, da scheint es mir unmöglich, daß ich fort leben kann ... Er war mir alles, was ein Mensch in dem höchsten würdigsten Verhältnis dem anderen sein kann.*

Mit Rousseau verlor Hebbel seinen einzigen Bekannten in München, er stand wieder ganz allein. Zum gesellschaftlichen Leben versperrten unübersteigbare Hindernisse ihm den Weg. Seine Garderobe reichte für ein stilles Leben in seinem Zimmer, auch ließ sie ihn bei einem gelegentlichen Gang zur Universität, zur Bibliothek oder

in einen Park nicht auffallen. An anderen Orten konnte er sich jedoch nur schlecht sehen lassen. Nach dem Grundsatz «Alles oder nichts» wollte er nicht den *Pfauenschweif* der Gesellschaft spielen, wenn er ihr *Regenbogen* [67] nicht sein konnte. Was immer er unter Gesellschaft verstand, sie war ihm *zuwider wie dem freien Mann ein Sibirien, in welches er verbannt werden kann.*

Vor allem fehlte ihm Geld. Selten konnte er sich eine warme Mahlzeit leisten. Einmal berichtete er der Freundin in Hamburg, er habe seit eineinhalb Jahren nicht mehr zu Mittag gegessen. Sein frugales Mahl aus Brot und schwarzem Kaffee verbarg er vor den Blicken der Wirtsleute.

Den Tag verbrachte er in seinem Zimmer, berauschte sich an Gedichten von Uhland und setzte den Fuß gewöhnlich nur vor die Tür, um im Botanischen oder im Hofgarten spazierenzugehen. Er genoß die Musik der Militärparade Punkt zwölf Uhr und machte sich dann und wann zur *Kraftsuppen-Anstalt* [68] auf, wo er für 12 Kreuzer etwas Warmes erstand.

Einsam wie auf einer wüsten Insel [69], ohne einen Menschen, der ihn, den er einmal besuchen konnte, fast ohne Gelegenheit zum Sprechen, mit der Welt nur verbunden durch die Briefe von Elise Lensing: *Noch nie habe ich das Tötende der Langeweile so empfunden wie jetzt* [70], klagte er. In München machte er zuerst die Bekanntschaft mit jener *Krankheit*, die ihn noch Jahre begleiten sollte, mit der *Hypochondrie. Aber woher entspringt sie? ... Ihre letzte Quelle ist anderswo, sie liegt tief in meiner Persönlichkeit. Die Natur sollte keine Dichter erwecken, die keine G o e t h e s sind, darin steckt der Teufel ... Das ist der Fluch meines Daseins, daß mein Talent zu groß ist, um unterdrückt zu werden, und zu klein, um zum Mittelpunkt meiner Existenz gemacht werden zu können ... Ich kenne das Vortreffliche, ich erreiche es zuweilen, aber, was hilft es mir, wenn ich dort nur b e s u c h e n darf, wo ich w o h n e n sollte. Und wieder – s o l l, k a n n ich einen Baum umhauen, der mir schon so manche schöne Frucht gebracht hat? O Zwiespalt, Zwiespalt, und wo ist ein Ausweg?* [71]

Friedrich Hebbel war ja nicht aus Wesselburen geflohen, um einen Brotberuf zu erlernen. Die Sorge um seine leibliche Existenz konnte

ihn nicht von seinem Ziel abbringen. Im Vertrauen auf seine dichterische Anlage war er aufgebrochen, um sich selber zu suchen. Als er glaubte, den Mittelpunkt seines Wesens, die Bestimmung zum Dichter, gefunden zu haben, stellte er sich selber in Frage.

Und doch gab es für ihn nur eines – er mußte den einmal beschrittenen Weg weitergehen: *Ob es für diese Krankheit ein Heilmittel gibt, weiß ich nicht; aber das weiß ich, der Doktor (sei er nun über den Sternen oder im Mittelpunkt des Ichs), der mich kurieren will, muß zuvor die ganze Welt kurieren, und dann bin ich gleich mit kuriert. Es ist das Zusammenfließen alles h ö c h s t e n Elends in einer einzigen Brust; es ist die Empfindung, daß die Menschen so viel von Schmerzen und so wenig von Schmerz wissen; es ist Erlösungsdrang ohne Hoffnung und darum Qual ohne Ende.*[72]

Auch jetzt dachte Hebbel nicht daran, die Möglichkeiten der Universität für einen bürgerlichen Beruf zu nutzen: *Ich habe in Heidel-*

München: Vorhalle der Universität

berg für kein juristisches Kollegium etwas getan und in München in keins den Fuß gesetzt.[73] Er studierte Bücher, die seinen geistig-literarischen Bedürfnissen entsprachen, Werke über Geschichte, Philosophie und bildende Kunst. Nur hin und wieder hörte er eine Vorlesung bei Schelling oder Joseph von Görres. Daß das vielleicht einen Künstler, aber niemals einen Wissenschaftler abgeben würde, wußte Hebbel auch. Aber auf jede Tätigkeit außer der eines Dichters glaubte er verzichten zu müssen. Es war ihm unmöglich, etwas zu tun, was nicht aus seinem innersten Wesen entsprang. Als die Aufgabe seines Lebens betrachtete er *die Symbolisierung meines Inneren, soweit es sich in bedeutenden Momenten fixiert, durch Schrift und Wort; alles andere, ohne Unterschied, hab ich aufgegeben*[74]. In der Einsamkeit der Münchner Jahre *reifte denn auch der Dichter in mir*[75].

Hebbel wohnte bei dem Tischlermeister Anton Schwarz, Lederergasse 5. Als die Familie zweimal umzog, ging er mit, zuletzt in die Lerchenstraße 45. Mit der Tochter des Hauses, Josepha, der er den Kosenamen Beppi gab, verband ihn bald ein intimes Verhältnis. Vor Elise, die ihn auch jetzt weiter mit Geld unterstützte, verheimlichte er die Bindung nicht, sondern rechtfertigte sie mit der an Sophisterei grenzenden Überlegung, *es seien viele Freunde, ja — ich möchte es sagen, so ruchlos es klingt — Geliebte möglich, obwohl nur für das reiche Herz*[76].

Im täglichen Dienst für den Untermieter verlor Beppi ihr Herz. Ihr strenger katholischer Glaube konnte ihre naive Sinnlichkeit nicht beständig auf dem Pfad der Tugend halten. Sie wusch Hebbel die Wäsche, räumte sein Zimmer auf, brachte ihm morgens mit dem Frühstück die Zeitung und hoffte wie die Freundin in Hamburg vergeblich darauf, daß er sie heiraten würde.

Was Hebbel bei dem Tischlermeister erlebte, formte er in seinem bürgerlichen Trauerspiel *Maria Magdalena*. Den Alten nannte er Meister Anton, Klara gab er Züge seiner Beppi. Sogar den leichtsinnigen Sohn Karl, Josephas Bruder, lernte er in der Münchner Bleibe kennen.

Zweieinhalb Jahre blieb Hebbel in München, dann sehnte er sich weg. Wieder stand er vor der Frage, wohin? Elise rief und lockte, und Hebbel hatte diesmal keine Wahl, er mußte an ihren Tisch zurück. Sechs Monate zögerte er die Entscheidung noch hinaus, aber die Position in München ließ sich auch finanziell nicht mehr halten. Am 11. März 1839, wenige Tage vor seinem Geburtstag, brach er auf. Beppi geleitete den Scheidenden vor das Tor. Der Fußmarsch nach Hamburg führte Hebbel in achtzehn Tagen über Nürnberg, Bamberg, Gotha und Hannover, es war die *gräßlichste Strapaze meines Lebens*[77].

In Göttingen kehrte er bei einem Studienfreund aus Heidelberger Tagen ein, bei dem Juristen Rudolph von Ihering, der ihn «beim ersten Blick nach seiner ganzen äußeren Erscheinung für einen Handwerksburschen hielt, der mich um ein Almosen ansprechen wollte. Die Kleidung und der Hut abgetragen und völlig verstaubt, die Stiefel schmutzig und abgetreten, der starke Knotenstock in der Hand, alles verkündete einen Mann ... der aus Mangel an Geld zum Gehen gezwungen ist. Der Aufzug Hebbels hatte in der Tat etwas Wildes, Wüstes ... [Ihering empfand] ein gewisses Gefühl der Beschämung, einen solchen Mann als Bekannten bei mir aufnehmen zu sollen ... Er war von allen und jeden Mitteln entblößt, und es handelte sich nicht nur um seine Aufnahme bei mir, sondern ich war sogar genötigt, ihm sofort seine Stiefel, die allen ferneren Dienst versagten, neu besohlen zu lassen und ihn mit etwas Reisegeld für seine Weiterreise ... zu versehen.»[78]

Gar nicht zu diesem äußeren Bild paßte jedoch Hebbels Benehmen. «Er sprach zu mir wie ein Professor vom Katheder», erzählt Ihering, «er dozierte, er dozierte unausgesetzt, und als ich nach einem solchen längeren Vortrage ... ihm für den Genuß und die Anregung ... meine Befriedigung ausdrückte, erwiderte er mir, daß er nicht sowohl meinetwegen geredet, als um sich seine Gedanken klar zu sprechen! Ich hätte ihm bloß als Wand gedient, gegen die er sprach!»

Hebbel kehrte nicht nur völlig abgerissen nach Hamburg zurück, er hatte auch nichts vorzuweisen, was seine Existenz als Dichter rechtfertigen konnte. In seinem Gepäck befanden sich außer Gedichten nur einige Novellen, die fast alle schon in Heidelberg vollendet waren: *Barbier Zitterlein, Herr Haidvogel und seine Familie, Eine Nacht im Jägerhaus, Anna.*

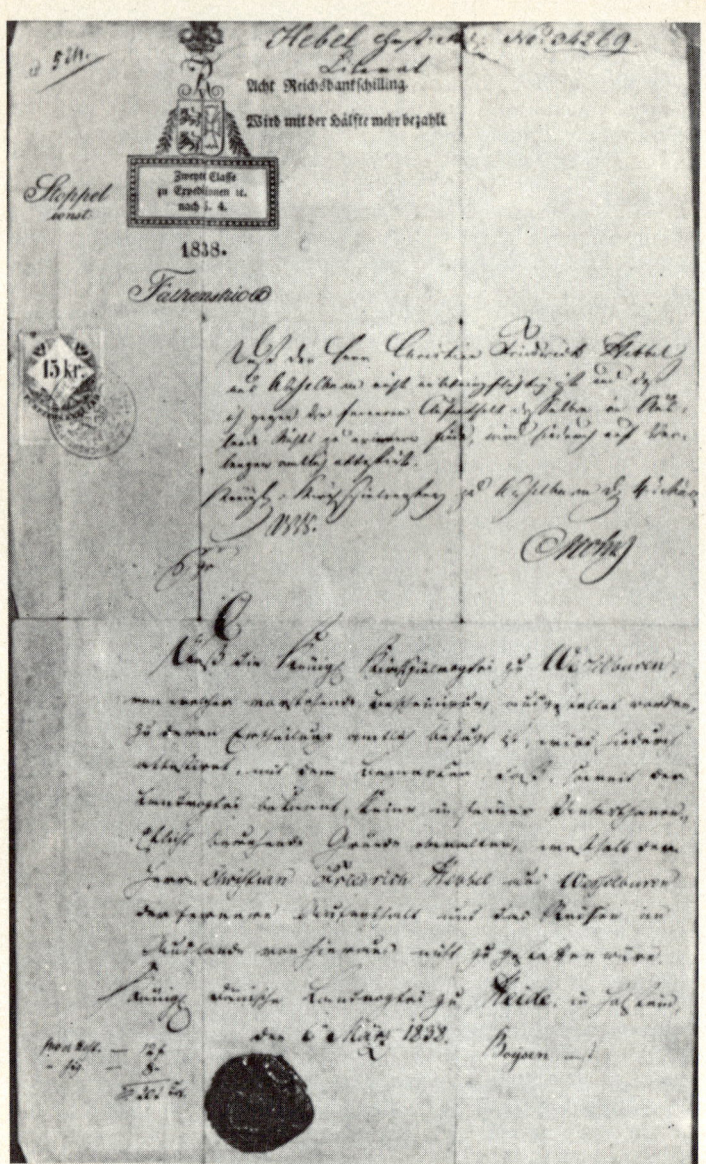

Hebbels Reisepaß, 1838

In München schrieb Hebbel neben dem *Rubin* nur *Die beiden Vagabonden* und einige Szenen zu *Schnock*. *Ein niederländisches Gemälde*, von denen er allerdings meinte, sie seien allem ebenbürtig, was bis dahin an Komischem in deutscher Sprache erschienen war. Wenige Wochen später revidierte er dieses Urteil und nannte seinen *Schnock* ein mißlungenes Stück. Obwohl Hebbel es später völlig umarbeitete, verlegte Campe das kleine Werk nicht, und erst 1849 erschien es als Taschenbuch.

Zur Gesamtausgabe der Novellen 1855 kamen nur noch zwei Stücke hinzu, *Matteo*, den Hermann Hauff 1841 in seinem «Morgenblatt» druckte, und *Die Kuh*, die am meisten Aufsehen erregte.

Die Novellen schildern eine aus den Fugen geratene Gesellschaft mit verstörten Menschen in innerer Not und äußerem Elend. Sie stellen die Wirklichkeit als sinnentleerte Hölle dar. Das Leben ist fratzenhaft verzeichnet, gespenstisch und schauerlich. Die Komik zieht es ins Lächerliche. Es sind Genrebilder einer unheilen Welt, die keine Liebe und Güte kennt. Die Menschen sind im Innersten zerschlagen und tragen ein gräßliches Lachen auf ihren wilden Gesichtern. Eifersucht treibt sie in Wahnsinn, Haß und Gehässigkeit leiten sie. Mißtrauen und Betrug bestimmen ihre Taten. Aus Rache zerstören sie und töten, was ihre eigene Existenz in Frage stellt.

Hebbels Erzählungen erinnern stark an die spukhafte Welt, die E. Th. A. Hoffmann beschrieben hat, an Kleist, Jean Paul und Tieck. Bereits 1844 urteilte der Dichter, daß die Novellen einem überwundenen Stadium seiner Entwicklung angehörten. Als er ein Exemplar der Gesamtausgabe an Karl Gutzkow sandte, fügte er entschuldigend hinzu, daß es sich nur um *die ersten schüchternen Versuche eines sich selbst noch nicht verstehenden Talents* [79] handle.

Die Zeit und die Aufgabe

Die grausame Welt der Novellen kommt jedoch nicht von ungefähr. Sie spiegelt Friedrich Hebbels nihilistischen Pessimismus dieser Jahre: *Ach, wie ekelt das Leben mich an! ... Alles so abscheuliches Stückwerk.* [80] Lebensekel gehört zum Grundton dieser Zeit: Der Sinn des öden, nichtigen Daseins ist nicht zu erkennen, der Tod bestimmt den Menschen. In ewiger Wiederholung dreht sich das Leben im Kreis. Es ist der *aufzuckende Schmerz einer Wunde* [81], *Raub des Einen am Anderen* [82]. In ständig neuen Metaphern umschreibt Hebbel *diese hohle, flache Existenz* [83], die dem Menschen aufgezwungen ist. Alle Schutzhüllen, mit denen er sich umgibt, verbergen im Grunde ein Nichts. Wie ein loses Blatt in den Lüften vom Wind, so wird der Mensch vom Schicksal umhergetrieben, haltlos und ohne die Kraft, einen Halt zu finden.

Er *muß sich durch das Leben drängen wie die sich entwickelnde Blume durch den Kot* [84] – aber er erblüht nicht wie die Pflanze, sondern leidet am Leben. Er hat zu kämpfen, und weiß doch, daß er nie siegen wird, ein permanenter Kampf ohne Erlösung. Der Mensch ist für Hebbel *ein Haufen Staub, worin Würmer kriechen, die ihm einen Schein des Lebens geben* [85], eine *Bestie* [86] oder *wandelnder Mist* [87].

Anklagend ruft er in den Himmel, obwohl er nicht weiß, ob er dort gehört wird: Gott, warum sind deine Menschen so schlecht! Und wie ihr schlechtestes Individuum, so korrupt ist auch die menschliche Gesellschaft: *Ihre Gesetze und Einrichtungen sind, was Mord, Raub und Totschlag des Einzelnen. Fürchterlich, aber wahr!* [88] Die Welt, das sind: *Immer neue Gedärme, durch die das Alte geht* [89], denn sie ist *Gottes Sündenfall* [90]. Trotzdem muß sie bestehen. Ihr gehört immer der Vorrang vor den Individuen, die *unendlich einsam im All* wie *vom Wind zerstreute Sandkörner* [91] nebeneinander leben.

So schlimm wie um die Welt und den Einzelnen sieht Friedrich Hebbel es auch um sein Jahrhundert bestellt. Es ist *ein Legat des Teufels, ein Kuppler der Gemeinheit, und wer heutzutage nicht s c h l e c h t wird, hat vielleicht schon mehr Kraft aufgeboten als der Gepriesene, der zu Luthers Zeiten ein Held war* [92].

Die materiellen Interessen der Zeit empören ihn, weil sie angeblich das ganze Leben bestimmen. Die Jagd nach dem Glück begünstigt seiner Meinung nach die niederen Instinkte, während verantwortungsvolle Menschen die Gegenwart unerträglich finden: *Die Bestialität hat jetzt Handschuh über die Tatzen gezogen.* [93]

Voll Verachtung blickt er auf den *geistigen Pöbel* seiner Zeit, der die *Liliputer Turmleiter, die er Wissenschaft nennt, mit Schneckenfüßen, die noch dazu gichtbrüchig sind* [94], hinaufkrabbelt. Die Literatur lehnt Hebbel völlig ab, was entsteht, nennt er Schund. Die Produktion elender Machwerke sieht er ins Uferlose wachsen, weil jeder, der einen Vers und ein paar Zeilen zusammenschreiben kann, sich für ein Genie hält. Er meint, daß die Sprache dabei vollends unter die Räder komme, weil sie vom Umgangston und dem täuschenden Glanz glatter Redensarten beherrscht werde: *Kattun, Kattun und wieder Kattun! Es flimmert wohl, aber es wärmt nicht.* [95]

Auch vom Theater verspricht er sich keine Hilfe gegen die Verflachung der Zeit. Im Gegenteil: das Publikum fordert in seinen Augen geradezu das Mittelmäßige und weist anspruchsvolle Werke zurück. Wenn ein Stück auf der Bühne Erfolg hat, ist es meistens nichts wert. Die Autoren unterhalten ein *entartetes Zeitalter, das keines reinen Genusses mehr fähig ist* [96]. Das künstlerische Leben sieht Hebbel auf einer abschüssigen Bahn gleiten, die *endlich ganz unten im Keller, wo die Ratten hausen, die faulen Dünste ziehen und das schmutzige Wasser sickert* [97], enden wird, weil sich zu viele der *geistigen Onanie* [98] ergeben.

So beurteilte Friedrich Hebbel seine Zeit, an der er zutiefst litt. Er plante in München den Roman «Der deutsche Philister», mit dem er seiner Gegenwart einen Spiegel vorhalten wollte. In dem Werk sollte die philisterhafte Gesinnung in ihrer teuflischen Auswirkung an einem gebildeten Geheimrat dargestellt werden.

Aber das Übel lag tiefer, und derartige Mittel konnten es nicht heilen. Hebbel erkannte das Problem in seiner ganzen Schwere. Er stellte seinem Zeitalter die zutreffende Diagnose der Götterferne. Nietzsche formulierte es viel später viel drastischer: Gott ist tot! Die wachen Geister der ersten Hälfte des 19. Jahrhunderts spürten jedoch sehr wohl den kalten Hauch des Säkularisierungsprozesses, der mit der Zerschlagung des mittelalterlichen Weltbildes, in dessen Mittelpunkt Gott thronte, begann, den Glauben als einen Kindheitstraum der Menschheit entlarvte und den Menschen in die Wüste des Nihilismus entließ:

Unsere Zeit ist schlimme Zeit. Das große Geheimnis, die letzte Ausbeute alles Forschens und Strebens, die «Einsicht in das Nichts» war ehemals hinter Schlösser und Riegel versteckt, und der Mensch sah sich und das Rätsel zu gleicher Zeit gelöst. Die alten Schlösser und Riegel sind schadhaft geworden, der Knabe k a n n sie aufreißen, der Jüngling reißt sie auf; ach, und fliegt der Adler wohl länger als er an die S o n n e glaubt? Die Weltgeschichte steht jetzt vor einer ungeheuren Aufgabe; die Hölle ist längst ausgeblasen und ihre letzten Flammen haben den Himmel ergriffen und verzehrt, die Idee der Gottheit reicht nicht mehr aus, denn der Mensch hat in Demut erkannt, daß Gott ohne Schwanz, d. h. ohne eine Menschheit, die er wiegen, säugen und selig machen muß, Gott und selig sein kann; die Natur steht zum Menschen wie das Thema zur Variation; das Leben ist ein Krampf, eine Ohnmacht oder ein Opiumsrausch. Woher soll die Weltgeschichte eine Idee nehmen, die die Idee der Gottheit aufwiegt oder überragt? Ich fürchte, zum erstenmal ist sie ihrer Aufgabe nicht gewachsen; sie hat sich ein Brennglas geschliffen, um die Idee einer freien Menschheit ... darin aufzufangen; sie sammelt, die W e l t g e s c h i c h t e s a m m e l t, sie sammelt Strahlen für eine neue Sonne; ach, eine Sonne wird nicht zusammengebettelt.[99]

Die Saat, die Feuerbach dem jugendlichen Geist in Wesselburen eingab, war aufgegangen. Die Pflicht hieß nicht mehr die Forderung des Tages, sondern: einen Ersatz für den verlorenen Himmel zu schaffen! Hebbel glaubte, daß das möglich sei. In dem am 4. September 1841 geschriebenen Gedicht *Unsere Zeit* stehen die Verse:

> *Es ist die Zeit des stummen Weltgerichts;*
> *In Wasserfluten nicht und nicht in Flammen:*
> *Die Form der Welt bricht in sich selbst zusammen,*
> *Und dämmernd tritt die neue aus dem Nichts.*[100]

Der *morsche Weltzustand* [101] lastete auf Hebbel, *als ob ich allein unter ihm zu leiden hätte, und es schien mir der Kunst nicht unwürdig, seine Unhaltbarkeit durch ihre Mittel zur Anschauung zu bringen. Dies tat ich* ... In den Novellen wie in den frühen Dramen zeichnete er das Bild der von *völliger Barbarei* [102] beherrschten Zeit. Damit verfolgte Friedrich Hebbel nur einen Zweck: er wollte das Schlechte darstellen, um es unmöglich zu machen. Den Bau der neuen

Welt durfte er nicht auf den verrotteten Fundamenten der alten errichten, sie mußten zunächst bloßgelegt und dadurch beseitigt werden.

Nach Hebbels Ansicht in diesen Jahren war dies die einzige Möglichkeit und zugleich Pflicht des Dichters. Wie jeder denkende Mensch sollte er rege an seiner Gegenwart teilnehmen und ihren Zustand wie die Lage der Menschen schildern. Hebbel wußte: zwangsläufig wird er dadurch in Widerspruch zur Welt geraten. Er darf aber nicht darin steckenbleiben, sondern muß versuchen, ihn zu überwinden. Obwohl er die Menschen über sich selber aufklärt, sollte er keine Liebe von ihnen erwarten; denn sie danken es ihm nicht. Er wird immer als Einsamer unter ihnen leben. Trotzdem gestattete Hebbel es dem Dichter nicht, aus diesem Grunde seinen Platz zu verlassen.

Denn nur in seiner *Brust hält die ganze Menschheit mit all ihrem Wohl und Wehe ihren Reigen* [103], und nur die *künstlerische Phantasie erschöpft diejenigen Tiefen der Welt, die den übrigen Fakultäten unzugänglich sind* [104]. Allein der Künstler, zumal der dramatische Dichter, steht nach Hebbels Meinung über Wissenschaft und Kunst, und in ihm soll *sich die Menschheit in ihrer Gesamtkraft und ihrem Gesamtwillen und Streben repräsentieren* [105].

Friedrich Hebbel glaubte: *Kunst ist das Gewissen der Menschheit* [106] und ihre Pflicht die Darstellung des Lebens in seinen vielfältigen Formen. Der Künstler hat die Grenzen aufzuzeigen, die den Menschen gezogen sind, und in Bildern zu veranschaulichen, was notwendig und unabänderlich ist. Immer muß er dabei das Allgemeine an der einzelnen Erscheinung verdeutlichen. Dichten war für Hebbel die einzig mögliche geistige Existenz, es bedeutete für ihn: *...abspiegeln der Welt auf individuellem Grund.* [107] Auch in ihm wurde *der Schmerz der Menschheit Musik* [108].

Die Aufgabe, die er der Dichtung allgemein stellte, formulierte er in gleicher Schärfe für sich. Schon in Heidelberg steckte er sich das Ziel, eine neue Welt zu bauen, sie wurde das Grundthema seiner Dichtung: *Ich will mit e i n e m Wort am Wagen der Menschheit... Vorspanndienste verrichten* [109] (1836). Er glaubte, daß die Menschen seines Jahrhunderts wieder ein Fundament brauchten, wenn die Geschichte nicht in einer Katastrophe enden sollte.

Als er *auftrat*, war er jedoch *weit davon entfernt, ein neues Evangelium zu predigen* [110]. Friedrich Hebbel wollte die Werte der Humanität wieder zur Geltung bringen. Er forderte deshalb, daß *die dramatische Kunst... den welthistorischen Prozeß, der in unseren Tagen vor sich geht... beenden helfen* sollte, indem sie dazu beitrug, *die vorhandenen Institutionen des menschlichen Geschlechts, die politischen, religiösen und sittlichen... tiefer zu begründen* [111].

Erste Erfolge:
«Judith» – «Genoveva» – «Der Diamant»

Als Elise Lensing den Freund am 31. März 1839 abends um sechs Uhr vor den Toren Hamburgs empfing, konnte sie von diesem Konzept nichts ahnen, eindeutige Konturen hatte es ja auch für Hebbel noch nicht gewonnen. Davon war er jedoch jetzt zutiefst überzeugt: dieser Weg war der einzig mögliche und richtige. Die Beweise freilich fehlten.

Zunächst warf eine schmerzhafte Lungenentzündung ihn für über drei Monate nieder, ja, fast auf das Bett des Todes. Während des Fußmarschs hatte er sich schwer erkältet; kaum war er in Hamburg, als die Krankheit ausbrach. Elise Lensing, bei der er wieder wohnte, pflegte ihn. In Heidelberg hatte er von ihren Mitteln studiert, in München von ihrem Geld gelebt. Auch jetzt stellte sich das alte Problem neu: Hebbel verdiente noch immer nicht genug, um seine Freundin und sich ernähren zu können. Er mußte seine Füße wieder unter ihren Tisch strecken und auf ihrem Sofa ihren Kaffee trinken.

Natürlich gab es für Elise nichts, was sie mehr beglückte. Der Geliebte begab sich in ihre Obhut, weil er von seinem Ausflug in die Welt äußerlich erfolglos zurückkehrte. Sie kannte nur einen Gedanken: seine Frau und die Mutter seiner Kinder sein zu dürfen. Das eine wurde sie nur zu bald, das andere nie.

Dabei hatte Hebbel das Eheproblem schon in München eindeutig entschieden: *Heiraten! Es ist mir überhaupt unter allen entsetzlichen Dingen das entsetzlichste, und ich werde mich gewiß niemals dazu entschließen ... Gibt's denn auf Erden zwischen Menschen, die sich schätzen und werthalten, kein Band als ein Schiffsankertau?*[112]

Elise Lensing hätte wissen können, woran sie bei einem Mann mit solchen Ansichten war. Aber sie wollte es nicht wahrhaben. Sie hoffte auf Heirat, doch ihr Freund steuerte einen anderen Kurs, er hieß Freundschaft. Für ihn gab es keine andere Möglichkeit. In der Frau sah er *die Meduse oder den Todesengel für des Mannes eigentliches Leben*[113], die Liebe betrachtete er als *die höchste Spitze des Egoismus*[114]. Ihre Freundschaft sollte nach seinen Worten allerdings *die möglichst würdigste, darum auch dauerndste und innigste sein, die, während jede andere sich nach und nach ins Gemeine, wenigstens Unbedeutende, verliert, sich fort und fort steigert*[115]. Zunächst jedoch geriet das Verhältnis in eine Krise.

Im Sommer 1840 verließ Elise die Hansestadt, sie war schwanger. Zuerst fuhr sie nach Wittenberg, dann nach Rügen. In seinen Briefen an sie führte Hebbel Tagebuch über sein Leben in Hamburg und schilderte detailliert sein amouröses Abenteuer mit der attraktiven Tochter eines wohlhabenden Patriziers. Im Juli begegnete er Emma Schröder auf einer Gesellschaft, und gleich entflammte ihre Schönheit seine Leidenschaft. Hebbel schwärmte. Er sandte ihr Verse, sie antwortete mit einigen Zeilen und einer Rose, die in seinem Schreibtisch verwelkte, aber köstlicher duftete als ein blühendes Beet – wie er nach Rügen berichtete.

Mit Großmut überging Elise, was Hebbel ihr in seinem Liebes-
wahn antat. Das konnte ja nicht von Dauer sein! Und war es auch
nicht. Noch bevor sie am 5. November ihr Kind gebar – einen Jungen,
den sie Max nannten –, erlosch die Flamme. In tiefer Reue kehrte
der Abtrünnige zurück: *Ich möchte den ganzen Tag vor Dir auf den
Knien liegen und Dich um Vergebung bitten, daß ich Dich so oft ge-
quält, im Tiefsten verletzt, bitter geschmäht habe. O, es ist oft eine
solche Verwirrung in meiner Natur, daß mein besseres Ich ängstlich
und schüchtern zwischen diesen chaotischen Strömen von Blut und
Leidenschaft, die durcheinanderstürzen, umherirrt, der Mund ist dann
im Solde der dämonischen Gewalten, die sich zum Herrn über mich
gemacht haben.*[116]

Bald nach seiner Ankunft in Hamburg lernte Hebbel den Berliner
Schriftsteller Karl Gutzkow kennen, einen Führer der Jungdeutschen,
der 1835 mit seinem Roman «Wally, die Zweiflerin» die Reaktion
gegen sich und seine Mitstreiter im politischen Tageskampf aufge-
bracht und das Verbot des Bundesrates provoziert hatte. 1839 war
von seinem jungdeutschen Sturm und Drang nicht mehr viel zu spüren. Bei Hoffmann und Campe gab Gutzkow den «Telegraph für
Deutschland» heraus.

Er erschien Hebbel als ein Mann von Geist und Wissen, der über
eine glänzende Feder gebot. Dem Dichter Gutzkow zollte er jedoch
nicht das Lob, das er dem politischen Journalisten spendete, und vollends den Menschen betrachtete er zurückhaltend. Dabei kam Gutzkow ihm freundlich und sogar herzlich entgegen. Er lud ihn zur Mitarbeit an seinem Organ ein, das immerhin zu den gewichtigsten Stim-
men in Deutschland zählte. Hebbel schrieb mehrere literarische Kritiken, scharf und aggressiv, und unter anderem ein *Gemälde von
München,* das in sechs Fortsetzungen erschien.

So gut, wie dieses Verhältnis sich anließ, blieb es nicht immer; so
nachsichtig Gutzkow die ihm eingereichten Arbeiten beurteilte, zeigte er sich dem zwei Jahre jüngeren Kollegen gegenüber später nicht.
Als solcher durfte Hebbel sich jetzt selber einstufen, denn inzwischen
war ihm der erste große Wurf geglückt: am 28. Januar 1840 vollendete er die letzte Szene seiner ersten Tragödie, *Judith.*

Schon in München hatte Friedrich Hebbel ein historisches Drama
geplant. Sein Vorbild konnte nur ein Dichter sein: Friedrich Schiller. Hebbel dachte an ein Stück über die Jungfrau von Orléans. Der
Stoff reizte ihn, weil ihm Schillers Werk so völlig mißlungen erschien. Er wollte es ins *Wachsfigurenkabinett*[117] verbannen, weil
der Klassiker den *bedeutendsten Stoff der Geschichte . . . auf eine unerträgliche Weise verpfuscht* habe. Das *ewige Deklamieren und Sprei-
zen* sei unerträglich.

Wenige Monate später schlug das Pendel wieder zurück. Hebbel
revidierte sein *albernes und kindisches Urteil*[118] und nannte die romantische Tragödie *ein großes Gedicht.* Trotzdem gab er den Gedanken, sich an dem Stoff zu versuchen, nicht auf. (Er verwirklichte ihn
dann später freilich ganz anders und schrieb als Brotarbeit für ein

Leseheft einen historischen Ab-
riß.) In dem Schicksal der Jeanne
d'Arc entdeckte er ein tragisches Motiv, das den Kern seines Dramas bilden sollte: *Die
Gottheit selbst, wenn sie zur
Erreichung großer Zwecke auf
ein Individuum unmittelbar
einwirkt und sich dadurch einen
willkürlichen Eingriff ins Welt-
getriebe erlaubt, kann ihr Werkzeug vor der Zermalmung durch
dasselbe Rad nicht schützen.*[119]

Für diese Idee suchte er sich
jedoch einen anderen Stoff, der
ihm schon aus frühen Tagen
vertraut war. Als einzige Lektüre wurde in Hebbels Vater-
haus die Bibel geduldet, und zu
den Pflichten des kleinen Friedrich zählte, den Eltern abends
daraus vorzulesen. Ein Gemälde von Giulio Romano in der Pina-
kothek in München brachte ihm die Geschichte der Judith aus dem
apokryphen Buch der Bibel wieder nahe. In Hamburg fiel ihm eine
Lithographie des französischen Malers Horace Vernet in die Hände,
die ebenfalls die Judith darstellte.

Am 2. Oktober 1839 begann er den ersten Akt. Freilich merkte er
bald, daß er *die Judith der Bibel* so *nicht brauchen konnte*[120]. *Dort
ist Judith eine Witwe, die den Holofernes durch List und Schlauheit
ins Netz lockt; sie freut sich, als sie seinen Kopf im Sack hat und
singt und jubelt vor und mit ganz Israel drei Monde lang. Das ist gemein . . .,* das konnte er nicht verwenden.

Hebbel stellte seine Judith *zwischen Weib und Jungfrau*. Sie plant
ihre Tat zwar als ein Werk der nationalen Befreiung ihres unter-
drückten Volkes, führt sie aber als einen Akt ihrer Privatrache aus.
Im entscheidenden Augenblick gewinnt das Weib in ihr die Überhand, sie handelt nicht mehr auf Befehl ihres Gottes, sondern er-
schlägt den Despoten, weil er sie in seiner Lust mißbrauchte: *Nur dadurch wird die Tat der Judith menschlich, daß sie sich s e l b s t rächt,
daß sie Mord gegen Mord setzt! Hätte sie nicht ihr Selbst an Holofernes verloren, so würde ihre Tat nur abscheulich sein!*[121]

Die tragische Höhe seiner Heldin erreichte Hebbel durch die Ver-
schiebung ihrer Motive. Die Kämpferin der Bibel wird von religiöser
Begeisterung getrieben; die Judith im Drama folgt ihrer heimlichen

«Judith et Holoferne». Gemälde von Horace Vernet

Sehnsucht nach dem ebenbürtigen Mann ins feindliche Lager, dem Wunsch, als Frau empfangen und bestätigt zu werden. Für Holofernes' überschäumende Kraftfülle, sein grenzenloses Selbstvertrauen und seinen unbegrenzten Machtwillen bedeutet das Weib jedoch nur ein Ding, eine Sache, die er, wie alles, spielend als Beute genießt. Damit vernichtet er Judith, und die Verzweiflung darüber drückt ihr das Schwert in die Hand.

In seinem Drama schildert der Dichter eine Welt des Kampfes. Die eigentlichen Partner vernichten sich; Mord wiegt nur Mord auf; Liebe ist mit Haß vermischt. Die Gottheit, die Judith in den Kampf führt, und die dadurch *in außergewöhnlichen Weltlagen ... unmittelbar in den Gang der Ereignisse eingreift und ungeheure Taten durch Menschen, die sie aus e i g n e m Antrieb nicht ausführen würden, verbringen läßt* [122], zieht die Hand von ihrem Werkzeug und überläßt es sich selber.

Judith befreit zwar ihr Volk, sie selber steht aber vernichtet nach der Tat, die sie zermalmt, weil nur der Gedanke an ihre eigene Person sie antreibt. Ihr Racheakt versöhnt sie nicht, sie blickt ohne Hoffnung in die Zukunft. Sie muß sterben, wenn sie *gebiert, damit ihr Sohn sich nicht zum M u t t e r m o r d versucht fühle.* Deshalb verlangt sie von ihrem Volk: So sollt ihr mich töten, wenn ich's begehre!

Nach dem Abschluß eines Werkes äußerte Hebbel sich häufig im Tagebuch oder in Briefen zu seiner Deutung, allerdings durchaus nicht in jedem Fall eindeutig. Mit der *Judith* wollte er nicht nur die Idee des von Gott geführten und verlassenen Individuums darstellen, sondern auch *den zwischen den Geschlechtern anhängigen großen Prozeß* [123]. Mit dem Verhältnis Judith–Holofernes gestaltete Hebbel ein zentrales Problem seines gesamten Schaffens, den Gegensatz zwischen Mann und Frau. Fraglos ist es ein Thema seines eigenen Lebens; es ist aber zugleich Ausdruck des in der Welt herrschenden Dualismus. Auch in den späteren Dramen wird die Antithese wiederkehren, doch stehen sich in den großen historischen Werken die Partner nur scheinbar versöhnungslos wie Judith und Holofernes gegenüber.

Für Hebbel bedeutete dies Drama den Beweis seines dichterischen Ingeniums. Später beurteilte er sein Erstlingswerk zurückhaltend und ließ nur noch die allgemeine Stimmung, den Propheten und die Volksszenen gelten. Die Kritik nahm das Stück, das Campe im Februar 1840 zunächst als Theatermanuskript druckte, durchaus geteilt auf.

Die Berliner Schauspielerin Auguste Stich-Crelinger setzte sich für die Aufführung ein, und am 6. Juli 1840 feierte Hebbels Drama – allerdings mit manchen Veränderungen – im königlichen Hoftheater zu Berlin Premiere. Es war ein Abend, der Beifall fand, ohne ein Ereignis zu sein. Das Hamburger Stadttheater führte das Stück am 1. Dezember auf. Campe brachte im Juli 1841 eine Buchausgabe in 2500 Exemplaren heraus. Hebbel erhielt zehn Louisdor; eine zweite Auflage erlebte er nicht.

Inzwischen saß der Dichter bereits über einem neuen Werk. Nie

Christine Hebbel als «Judith». Fotografie

wieder folgten zwei Dramen einander so dicht wie der *Judith* die *Genoveva*. Am 13. September 1840 begann er die Arbeit, weil ihm Ludwig Tiecks Drama «Leben und Tod der heiligen Genoveva» miß-fiel. Auch die zweite Bearbeitung des Stoffes, Maler Müllers Sturm- und Drang-Drama «Golo und Genoveva», das Hebbel in München las, beurteilte er sehr negativ, und Ernst Raupachs «Genoveva» galt ihm als ein triviales Machwerk.

Die rührende Geschichte der heiligen Genoveva, Herzogin von Brabant, die um 750 von ihrem Gemahl, dem Pfalzgrafen Siegfried,

Christine Hebbel als «Judith».
Gemälde von Ferdinand Bender, 1850

des Ehebruchs bezichtigt und verstoßen wurde, kannte Hebbel aus dem Volksbuch bereits in Wesselburen. Und nach seinem Zeugnis beschäftigte ihn dort schon der Gedanke, den Stoff zu dramatisieren. Die Qualen des liebestollen Golo erlebte er in Hamburg: seine Genoveva hieß Emma Schröder. Als er dann Ludwig Tiecks Werk las, war er entschieden: *Tränen des Danks, nimm sie, Ewiger! Aus allen Tiefen meiner Seele steigt Genoveva hervor! Nur die Kraft, nur die Liebe – dann laß kommen, was da will!*[124] Am 1. März 1841 vollendete Hebbel seine zweite Tragödie.

Bereits ein Jahr vor Beginn der Arbeit entwarf er anläßlich einer Kritik des Stückes von Maler Müller das Konzept für sein Drama: *...ich habe oft über diesen Stoff nachgedacht und finde seinen dramatischen Gehalt nur im Charakter des Golo... Der dramatische Dichter kann den Golo des alten Volksbuchs nicht brauchen, nur, wenn es ihm gelingt, diesen flammenden, hastigen Charakter aus menschlichen Beweggründen teuflisch handeln zu lassen, erzeugt er eine Tragödie. Golo liebt ein schönes Weib, das seiner Hut übergeben ward, und er ist kein Werther: darin liegt sein Unglück, seine Schuld und seine Rechtfertigung.*[125]

Hebbel gab Golo als einen zerrissenen Menschen, getrieben von der Liebe, zurückgehalten von der unnahbaren reinen Keuschheit der Begehrten. Genoveva ruht in unerschütterlicher Harmonie in sich und trotzt allen Anfechtungen, weil ihre Liebe letztlich nur Gott gehört, in dessen Gnade sie sich geborgen weiß.

Der Schuldigste ist für Hebbel der Pfalzgraf, weil er die lautere Natur seiner Gemahlin nicht erkennt, obwohl sie sich ihm vorbehaltlos öffnet – während Golo nach seinem Gang durch die Hölle am Ende *sittlich höher steht, trotz Blut und Schuld, als am Anfang*[126].

Ähnlich wie die *Judith* ließ der Dichter auch sein zweites Drama später nicht mehr vor den strengeren Maßstäben seiner Kritik gelten. Nur die Darstellung des Mittelalters, das *Gemälde der entstehenden Leidenschaft*[127], die Gesindestube und den tollen Claus *mit seinem zur Zeit der gänzlichen Verlassenheit aufflammenden Gottesbewußtsein* schienen ihm gelungen. Er bedauerte, daß er sich *zu früh an diese Riesenaufgabe gewagt* hatte, als ihm der innere Abstand zum Stoff fehlte. *Denn warum leugnen, was schon mancher Kritiker herausgefühlt hat: ich selbst steckte in einer gar heißen Situation als Golo entstand.*

Nicht nur Hebbel stieß sich daran, daß dem Stück der versöhnende Schluß fehlte, auch die Kritik wies darauf hin und bemängelte außerdem, daß das Werk zu lang sei. Beide Vorwürfe versuchte der Dichter 1851 mit einem Nachspiel aus dem Weg zu räumen: Es sollte *jeden vernünftigen Anspruch auf Versöhnung*[128] befriedigen. Außerdem strich er tausend Verse, so daß seine *Genoveva* kürzer wurde als Schillers «Maria Stuart». Trotzdem blieb sein Werk auf dem Theater ein Fremdling. Erst am 20. Januar 1854 brachte Heinrich Laube es im Burgtheater in Wien heraus, mit vielen Änderungen und unter dem Titel *Magellona*, weil die Zensur Kirchenheiligen den Zutritt zur Bühne versperrte.

Höher als seine beiden Tragödien stellte Friedrich Hebbel seine erste Komödie: Als drittes Werk entstand in Hamburg *Der Diamant* (März 1838 bis November 1841). In den Gerichtsszenen, den Charakteren der Personen und in der Parallelität des zentralen Symbols ist dieses Stück zweifellos Kleists «Zerbrochenem Krug» verpflichtet. Auch Jean Pauls humoristische Erzählung «Leben Fibels» mag Pate gestanden haben: ein Jude verschluckt einen Smaragd, der ihm mit einer Pfauenfeder wieder aus dem Magen herausgekitzelt wird.

Theaterzettel der «Magellona»-Aufführung

Bei Hebbel enthüllt der Diamant den falschen Schein der faulen Welt: bei den unmittelbar Beteiligten, bei Arzt, Richter, Schlüter und dem Juden die Gier nach dem Geld; bei der Hofgesellschaft die Brüchigkeit der Herrschaft, die allein auf der Präsenz des Steines beruht und nicht in der Liebe des Volkes besteht.

Der Diamant geht von Hand zu Hand,

> *Doch Schelm auf Schelm bekommt ihn nur,*
> *Daß seine innerste Natur ...*
> *Entschleiert wird und aufgedeckt* (Prolog Vers 170 f).

Hebbel beabsichtigte keine *gewöhnliche Theaterspeise* [129] aus komischen Käuzen und lustigen Motiven. Alles sollte einen tieferen Sinn erhalten:

> *Ich seh' an einem Edelstein*
> *Des ird'schen Lebens leeren Schein*
> *Und alle Nichtigkeit der Welt*
> *Phantastisch-lustig dargestellt* (V. 153 f).

51

Alles wird ins Gegenteil verkehrt: Der Arzt, der heilen soll, plant Mord; der Wächter läßt frei; dem Dieb sichert der gerechte König Straffreiheit zu; der diebische Jude preist das Sittliche seiner Tat, und der Richter betrügt. Die Menschheit offenbart ihre Verlogenheit, die Welt ist *die hohle Blase, die das Nichts emportrieb* [130].

Ein Preisausschreiben in Berlin veranlaßte Hebbel zu dem Werk. Gefordert wurde ein komisches Gesellschaftsstück; Hebbels Beitrag fiel durch. Dazu trug er selber bei. Der Prolog im steifen Knittelvers erörtert die Problematik, ein Lustspiel zu schreiben, langatmig und nicht eben elegant. Dennoch bilden diese Verse die zusammenhängendste Theorie des Dichters über die Komödie.

Friedrich Hebbel stellte diese Gattung durchaus neben die Tragödie, denn er vertrat die Ansicht, *daß Tragödie und Komödie aus einer und derselben Wurzel hervorsprossen und daß die erste sich durchaus nicht in ihrer ganzen Größe entfalten kann, wenn die letztere hinter ihr zurückbleibt* [131]. Unmittelbar nach Abschluß des *Diamant* notierte er in sein Tagebuch: *Komödie und Tragödie sind ja doch im Grunde nur zwei verschiedene Formen für die gleiche Idee.*[132]

Erstaunlich oft und noch überraschend spät beurteilte Hebbel sein Lustspiel als sein nach Form und Inhalt bedeutendstes Werk. Ja, er meinte sogar, nach Kleist die zweite große Komödie geschrieben zu haben. Erst in den letzten Jahren, als der Dichter eine Gesamtausgabe plante, schrieb er an seinen Verleger Campe, daß er das Stück völlig umformen müsse. Zwar sei die *Grund-Idee eine der besten, die ich je gehabt habe, aber die Ausführung schwankt auf eine mir jetzt unerträgliche Weise zwischen Satire und naiver Komik, auch ist der märchenhafte Hintergrund bei weitem nicht tief genug* [133].

Drei Werke brachten ihm die drei Jahre in Hamburg; 1842 folgte noch die erste Ausgabe der Gedichte. Trotzdem fühlte Hebbel sich unglücklich. Er war einsam und stieß doch alle Menschen zurück. Seine finanzielle Situation – und damit die Lage von Elise Lensing und ihrem Kind – trieb trotz dieser literarischen Erfolge einer Katastrophe zu. Am 18. Januar 1842 schrieb Hebbel in sein Tagebuch: *Fragt sich nur, woher Brot nehmen, Brot für Elise, Max und mich.*[134] Sogar der Gedanke an Selbstmord stellte sich in dieser Zeit ein.

Der nicht mehr ganz junge Dichter stand allein und kannte niemanden, der ihm helfen konnte. Campe rückte nur widerstrebend heraus, was er schuldete, und auf Vorschuß sprach man ihn besser nicht allzu oft an. Angst befiel Hebbel, daß sein dichterisches Talent versiegt sein könne, nachdem es drei Dramen hergegeben hatte. Zwar wußte er, daß die heiße Jahreszeit ihn immer unproduktiv machte, aber in dem ganzen Sommer 1842 schrieb er keine Zeile: *Die Mühle meines Geistes beginnt still zu stehen, und ich habe Pflichten, große heilige Pflichten!* [135]

Im Mai erlebte er eine Schreckenswoche in Hamburg; ein gewaltiger Brand zerstörte ein Fünftel der Stadt. Für Hebbel bedeutete dieses Unglück etwas Positives. Er plante, ohne freilich schon an die Ausführung zu denken, ein Drama über den Untergang Karthagos.

Dafür lieferte ihm das furchtbare Ereignis jetzt den Hintergrund. Der Titel des Stückes stand bereits fest: *Moloch*. Für Hebbel war es ein Glück, daß das Feuer Campes Buchhandlung verschonte; so blieb wenigstens diese Quelle erhalten. Und gerade in jenen Wochen schickte ihm der Verleger zehn Louisdors, die die Sorgen für einige Monate bannten.

Doch dieser Tropfen konnte den Brunnen nicht füllen. Die schlechte Ernährung setzte Hebbel zu. Er erkältete sich, Zähne und Hals schmerzten, Mundfäule befiel ihn, er konnte nicht sprechen und schlucken, so daß er einen Arzt aufsuchen mußte, ohne zu wissen, wovon er ihn bezahlen sollte. Die Krise war da; die Lage spitzte sich im Sommer 1842 gefährlich zu, der Abgrund tat sich auf: *Die Zukunft lastet so auf mir, als ob die ganze lange Ewigkeit nur eine einzige ungeheure Säule von finsteren Tagen und Nächten wäre, die auf mich drückte. Ich bin wie einer ohne Arme und Beine in dieser öden Welt.*[136]

Nur einen Ausweg schien es zu geben: Hebbel wollte reisen. Aber woher die Mittel nehmen? An dieser Frage scheiterten auch die bescheidensten Wünsche; Geld gab es einfach nicht.

Da lernte der Dichter auf einer Gesellschaft den schleswig-holsteinischen Grafen Karl von Moltke, einen Hofbeamten aus dem Finanzministerium in Kopenhagen, kennen, der ihm riet, seinen Landesvater, den dänischen König Christian VIII., um Hilfe zu bitten. Moltke vermittelte ihm auch gleich ein paar Empfehlungsschreiben. Hebbel faßte sich ein Herz und bat den Vater seines verstorbenen Freundes um ein Darlehen. Alles, was mit der Reise zusammenhing, glückte ihm. Der alte Regierungsrat Rousseau schickte einen Wechsel über zwanzig Louisdors, auch Campe öffnete die Schatulle und gewährte noch einmal dieselbe Summe als Vorschuß. Finanziell war das Unternehmen bald gesichert.

Von dem Ausflug nach Kopenhagen versprach Hebbel sich überaus viel. Er sollte ihn innerlich reifer machen, sein Benehmen vervollkommnen, ihn lehren, mit Menschen umzugehen. Er wußte genau, was er in Hamburg vernachlässigt hatte. Aber auch ein Fundament für seine Existenz sollte gelegt, eine Brücke in die Zukunft geschlagen werden. Dafür gab es zwei Möglichkeiten: eine Professur oder ein Reisestipendium.

Kopenhagen: Die Hilfe des Königs

Abends um zehn Uhr am 12. November brachte Elise Lensing den Freund zur Post, am anderen Morgen war Hebbel in Kiel. Er ging am Wasser spazieren, weil er das Geld für ein Gasthaus sparen wollte. Um zwei Uhr schiffte er sich ein; bei naßkaltem Regen betrat er am Montag, dem 14. November, mittags um zwölf die dänische Hauptstadt.

Christian VIII.
Stich von Em. Bærentzen

Nicht vertraut mit den Preisen in einer Weltstadt, mietete er sich zunächst im Hotel d'Angleterre, einem der ersten Häuser am Platz, ein. In Hamburg hatte ein Bekannter ihm den Rat mit auf den Weg gegeben, er müsse unter allen Umständen den Eindruck der Ärmlichkeit vermeiden. Das ließ sich aber bei den Kosten nicht durchhalten. Hebbel suchte sich schleunigst bei der Witwe Peters in der Knæbrostræde 108 ein Zimmer, das zwar billig war, ihm dafür aber nicht behagte. Die Stadt gefiel ihm auch nicht, die freundliche, zuvorkommende Art der Dänen irritierte ihn. Wohler fühlte Hebbel sich in einem Kreis, in dem jeder seine Ansicht vertrat, ohne daß man fürchten mußte, er verstelle sich.

Davon bot der Hof nun genau das Gegenteil. Nur zu bald merkte der Fremde, wie verschlungen die Fäden der Etikette waren. Zielstrebig verfolgte er sein Unternehmen. Konferenzrat Dankwart und Hofmarschall von Levetzau begegneten Hebbel freundlich, sein Bekannter aus Hamburg, Graf von Moltke, lud ihn zu Tisch. Das Diner wurde zur gesellschaftlichen Feuerprobe. Friedrich Hebbel kam sich vor wie ein Fremdkörper in einem reibungslos spulenden Getriebe. Er verließ den Abend mit der Befürchtung, wegen seines unbeholfenen Benehmens ein Opfer des Stadtklatsches zu werden. Aber darin irrte er sich; alles war gutgegangen.

Der König war nicht in der Hauptstadt, erst in einer Woche wurde er zurückerwartet. Diese Zeit mußte Hebbel nutzen, um die allmächtige Umgebung des Monarchen von der Berechtigung seines Anliegens zu überzeugen. Wider Erwarten verlief der höfische Grabenkampf erfolgreich, obwohl Hebbel bedacht sein mußte, seine finanzielle Lage zu verbergen. Auch war äußerste Sparsamkeit geboten. Wer konnte denn sagen, wie lange dies Vorspiel dauern würde?

Ganz plötzlich wurde es ernst. Der Hofmarschall von Levetzau, dem der Dichter seine Werke überreicht hatte, um sie auf diesem Weg dem König in die Hände zu spielen, ließ von sich hören: Christian VIII. habe die Schriften gelesen, einer Audienz stehe nichts mehr im Wege. Am Vormittag des 13. Dezembers war es soweit, der König ließ bitten:

Um 10 Uhr verfüge ich mich an den vorgeschrieben Ort. Ein ungeheuer großes Zimmer war von Menschen aus allen Ständen gedrängt voll. Rote Soldaten, Generäle und Gemeine; blasse Theologen; feiste Beamte; kummervolle Bürger; Etatsräte, die unter der Last ihrer Orden erlagen; Bettler, die ihre Lumpen kaum zusammenhalten konnten; genug, ein tolles verworrenes Gemisch... Die Uhr war halb elf, die Tür des Kabinetts ging auf, und der Hofmarschall trat mit den Akten, die er mitgebracht hatte, ein. Feierliche Pause...
Nun komme ich... Ich halte mich bereit und wundere mich über mein Herz, das oft so unruhig schlug, wenn ich Julius Campe um ein Darlehen ansprechen sollte, und das jetzt so gleichmäßig Takt hält... ich trete ein. Ein unscheinbares kleines Zimmer, der König steht in der Mitte desselben; er trägt Uniform und Degen und ist dick, sein Gesicht, en face gesehen, ist etwas verschwommen, en profil betrachtet, zeigt es imponierende Züge. Ich bleibe an der Tür stehen und verbeuge mich, er tritt auf mich zu und fragt: Ihr Name? Ich nenne ihn und trete weiter vor.[137]

Ein reges Gespräch über Hebbels Werk beginnt. Der Dichter bietet sich an, dem König vorzulesen, aber Seine Majestät winkt ab. Dann bringt Hebbel sein Anliegen vor: Er fühle sich in der Lage, den vakanten Lehrstuhl für Ästhetik und Literatur an der Universität Kiel einzunehmen. Das war hoch gereizt, denn Hebbel besaß keinerlei Examen. Doch Christian VIII. hat schon einen Kandidaten, er geht nicht auf den Vorschlag ein. Plötzlich, ohne Übergang, meint er: *Ihre «Judith» kann aber nicht gespielt werden. Ich habe mit dem Theaterdirektor darüber gesprochen. Es geht nicht an... Es stehen doch greuliche Sachen darin... Eine Pause entstand, und um der bekannten Handbewegung zuvorzukommen, verbeugte ich mich und ging.*

Hebbel verließ den König in dem Gefühl, ein *diplomatisches Meisterstück* [138] vollbracht zu haben. Der Erfolg aber war gering, Christian VIII. hatte nichts entschieden. Wie sollte es nun weitergehen?

Hilfe kam diesmal von einer ganz unerwarteten Seite, von Adam Oehlenschläger. Der Neunundzwanzigjährige besuchte den dreiundsechzigjährigen Dichter, der viel jünger aussah und mit seinen beiden Söhnen in Kopenhagen lebte. Das letzte Wort über den Dänen war Hebbels ätzende Kritik seiner Gedichte gewesen. Jetzt traf er einen ganz anderen Menschen an, als er vermutet hatte. Großzügig und freundlich nahm der Däne den Gast auf, unterhielt sich mit ihm über seine Dichtungen, die ihm nicht unbekannt waren, und diskutierte Hegels «Ästhetik», die Hebbel gerade las. Nach dem ersten Besuch schieden sie als Freunde.

Hebbel war begeistert. Oehlenschlägers Reife wirkte ausgleichend. Die kraftvolle Natur des Alten wollte er nicht hoch genug anschlagen: *Er ist der herrlichste Mensch, den ich kennengelernt habe, und ich weiß nicht, ob ich ihn mehr liebens- oder verehrungswürdig nennen soll, er ist alles beides.*[139] Auf den Dichter übertrug Hebbel diese Verehrung nicht. Er wußte, daß sie in verschiedenen Lagern standen, obwohl das ihr gutes Verhältnis nicht beeinträchtigte.

*Adam Gottlob Oehlenschläger.
Stich von Weger*

Natürlich blieb Oehlenschläger die Lage des jungen Deutschen nicht verborgen. Und er tat mehr, als ihm mit gelehrten und lehrreichen Gesprächen die Zeit zu vertreiben. Oehlenschläger vermochte tatsächlich einiges bei Hofe, darin hatte Hebbel sich in Wesselburen nicht getäuscht; jetzt ließ er seine Beziehungen spielen. Bevor er die Hauptstadt zu Weihnachten mit seinem Landsitz vertauschte, setzte er ein Gutachten an seinen Monarchen auf, mit dem Hebbel wohl zufrieden sein durfte:

Allergnädigster König!
Der deutsche Dichter Dr. Hebbel, welcher sich diesen Winter hier aufhält und Ew. Majestät um ein Reisestipendium ersucht, hat mich gebeten, dieses Gesuch mit einer alleruntertänigsten Empfehlung zu begleiten, welche ich ihm mit Freuden und von ganzem Herzen gebe. Herr Hebbel ist gewiß ein Dichter mit seltenen Talenten, mit echtem Genie. Dieses Zeugnis haben ihm auch bereits viele Kunstrichter gegeben ... [*Judith* und *Genoveva* zeigen] den gesunden kräftigen Keim zur reifen Schönheit und Meisterschaft ... in künftigen Arbeiten ... Es würde daher jammerschade sein, wenn dies schöne Talent nicht gedeihen sollte.[140]

Tatsächlich brachte dies gewichtige Wort der geachteten Autorität das ins Stocken geratene Unternehmen wieder in Fluß. Am 21. Januar stand Hebbel zum zweitenmal vor seinem Landesherrn. Ohne Umschweife steuerte er sein Ziel an: ein Reisestipendium. Seine Majestät zeigte sich gnädig: er wolle ihn gern unterstützen. Mehr sagte er nicht, aber das galt schon viel. Jetzt hing der Fall des Dithmarscher Literaten im Getriebe der Hofbürokratie, und dort hätte man ihn fast vergessen.

Die Einsamkeit, wohlvertraut aus Münchner Tagen, stellte sich ein. Wieder kannte Hebbel keinen Menschen, mit dem er reden konnte, wieder wurden die vier Wände seines ungeheizten großen Zimmers ihm zum Gefängnis. Aus Scham schloß er den leeren Kleiderschrank ab. Ein Hemd konnte er sich nicht jeden Tag leisten. Heimlich aß er sein Brot und trank dazu schwarzen Kaffee. Wieder waren Elise Lensings Briefe sein einziger Kontakt zur Umwelt. Mit ungeduldiger Sehnsucht erwartete er sie. Tiefe Melancholie befiel ihn, und wieder beschlich ihn die Angst, daß sein innerer Quell verschüttet sei.

Mißmutig und niedergeschlagen verbrachte Hebbel die trüben Tage in seinem Logis, der Bibliothek und mit Besuchen im Schloß Christiansborg und dem Leseverein Athenäum. Seine einzige Abwechs-

Hebbels Entwurf eines Bittgesuches an Christian VIII.

lung waren seltene Besuche bei dem Bildhauer Bertel Thorvaldsen, der mit seinen 72 Jahren Tag für Tag im Atelier stand, in der Unterhose, die dicken Strümpfe bis übers Knie hinaufgezogen, den Kopf mit einer wollenen Pudelmütze bedeckt. So empfing er seine Besucher. Oehlenschläger führte Hebbel bei dem Alten ein, und Thorvaldsen erlaubte dem Fremden, sich im Schloß Charlottenburg, wo er sein Domizil aufgeschlagen hatte, umzusehen.

Von dem Gefühl tiefer Einsamkeit konnte dies Erlebnis Hebbel nicht befreien. Er lebte *wie ein Trappist* [141], und der Rückblick auf das Jahr 1842 fiel hoffnungslos aus: *Gearbeitet habe ich das ganze Jahr nichts; ein paar Gedichte sind entstanden, ich schäme mich, die Lumperei aufzuführen ... Die Reise scheint zu nichts zu führen. Was weiter werden soll, weiß ich nicht ... Literarisch bin ich fast tot ... Mein Leben ist im Zuschnitt verdorben.* [142]

Der Tiefpunkt war jedoch noch nicht erreicht. Ein starkes Schlafbedürfnis und eine Dumpfheit im Kopf kündigten eine alte Krankheit an, Rheumatismus. Hebbel litt bald unter entsetzlichen Schmerzen in der rechten Hüfte und konnte nicht aufstehen. Er mußte einen Arzt konsultieren, der ihm Dampfbäder verordnete. Wieder die Kosten! Wovon sollte er ein langes Krankenlager bezahlen? Oehlenschläger brachte ihm seinen warmen Schlafrock, die Geste beglückte den Kranken, die Pein blieb. Seinen Geburtstag verlebte der Dichter in tiefer Niedergeschlagenheit: *Ich trete in mein drittes Dezennium ... wie in eine finstere Marterhöhle ein, die Augen sind mir verbunden, und im Nacken spüre ich einen kalten Luftzug, der vielleicht vom Schwingen des Schwertes kommt, das mich hinrichten soll!* [143]

Da geschah das Unerwartete. Fast von einem Tag zum andern änderte sich die ausweglose Lage. Kaum hatte Hebbel Tropfen gegen seine Krankheit *im Leibe, als mein so lange trocknes Gehirn Funken zu sprühen anfing* [144]. Seit München trug er sich mit dem Gedanken, ein bürgerliches Trauerspiel zu schreiben. Jetzt drängte der Stoff plötzlich hervor, im Bett liegend begann Friedrich Hebbel seine dritte Tragödie, *Maria Magdalena*.

Das Wetter besserte sich, die Frühlingssonne vertrieb seine Schmerzen. Und *der alte herrliche Oehlenschläger* [145] brachte dem Kranken am 4. April *mit Tränen in den Augen die Nachricht,* daß der König ihm für zwei Jahre ein Reisestipendium von 600 Reichstalern bewilligte. Die Reise nach Kopenhagen hatte sich gelohnt.

Zwei Jahre bescheidener finanzieller Sorglosigkeit lagen vor Hebbel, mehr nicht. Die Brücke in eine bessere Zukunft war ihm gebaut. Wollte er an ihrem Ende sicheren Boden betreten, mußte er diese Chance nutzen.

In Kopenhagen hielt ihn nichts mehr. Am 27. April verließ er die Stadt, anderntags abends um neun Uhr holte Elise Lensing den Freund auf der Post ab.

Hebbels Abreise aus der Hauptstadt des dänischen Königreichs setzte jedoch nicht den Schlußpunkt hinter das Kapitel Kopenhagen. Oehlenschläger begegnete er bald in Paris wieder. Die herzliche Stim-

Bertel Thorvaldsen. Gemälde von I. W. Gertner

mung der ersten persönlichen Begegnung stellte sich jedoch nicht
wieder ein. Christian VIII. starb 1848. Die Nachricht, die Hebbel
zufällig in Wien in einer Zeitung las, erschütterte ihn tief. Er wußte,
daß der Monarch seinetwegen eine Ausnahme gemacht hatte: ein
Reisestipendium stand nur dem zu, der an einer Landesuniversität
studiert hatte.

Von Rom aus wandte Hebbel sich 1844 noch einmal an das dänische Finanzministerium und bat, daß ihm das Geld noch ein weiteres
Jahr bewilligt werde. Das war durchaus üblich; der Hof machte aber
wieder eine Ausnahme – diesmal jedoch nicht zu Hebbels Gunsten.
Er erhielt lediglich 200 Taler für die Rückreise. Empört wollte er den
Betrag, der ihm wie ein Almosen erschien, zurückweisen. Erst nach
einigen Wochen entschloß er sich, es doch anzunehmen.

Dabei trug er selber die Schuld, daß man ihn so behandelte. Zu-

59

rück in Hamburg, gab es für Hebbel nichts Eiligeres, als sich mit der literarischen Autorität Dänemarks, Prof. Johan Ludvig Heiberg, anzulegen. Am 25. und 26. Januar 1843 hatte er von Kopenhagen aus im «Morgenblatt für gebildete Leser», Nr. 21 und 22, seinen Aufsatz *Ein Wort über das Drama* erscheinen lassen. Die Schrift wurde ins Dänische übersetzt, das «Fædrebladet» druckte sie, und dort kam der Artikel Heiberg, der an der Universität Kopenhagen Literatur lehrte und nebenbei selber schrieb, unter die Augen. In dem von ihm herausgegebenen «Intelligenzblatt» würdigte er ihn im Juni 1843 mit kritischem Blick. Er warf dem Verfasser Unklarheit in den Ideen vor, rügte die *Judith* und stand nicht an, dem Dichter Unfähigkeit zu attestieren. Mit Hebbel, schrieb er, sei der Messias einer neuen Literaturepoche nicht erstanden.

Das war zuviel. Nach allgemeinem Komment hätte der Getadelte dies Wort vom hohen Katheder schweigend hinnehmen müssen. Nicht so Hebbel. Er griff zur Feder und ließ bei Campe eine vierzig Seiten starke Broschüre unter dem selbstbewußten Titel *Mein Wort über das Drama* erscheinen. Stolz nannte er sie: *Eine Erwiderung an Prof. Heiberg in Kopenhagen.*

Neue Gedanken entwickelte er darin nicht. Was Heiberg ihm vorwarf, stritt er ab, drehte den Spieß um und griff seinen Kontrahenten an. Die Schrift galt Jahrzehnte als Grundlage für das Verständnis von Friedrich Hebbels dramatischem Konzept. Das Vorwort zur *Maria Magdalena* verstärkte noch die Ansicht, daß in diesen Theorien der Schlüssel für die Interpretation des dichterischen Werks zu suchen sei. Doch mehrere Generationen von Literaturwissenschaftlern irrten sich: Hebbels Theorie erschloß seine Dichtung nicht.

Im Streit mit Heiberg behielt Hebbel – zu seinem Schaden – das letzte Wort. Dem Hof blieb nicht verborgen, was er sich da geleistet hatte. Er reagierte auf seine Weise, als der Dichter aus Rom um Geld bat.

Zweite Wanderschaft: Paris–Rom–Neapel

Die Hälfte des Betrags ließ Hebbel der Freundin und ihrem Kind, mit dem Rest brach er am 8. September 1843 auf. Jetzt mußte er reisen, so gebot es das Stipendium. Sein Ziel war Paris. Das Schiff brachte ihn nach Le Havre, die Postkutsche nach Rouen, der Dampfwagen in die Residenz des Bürgerkönigs Louis-Philippe von Orléans. In der Vorstadt Saint-Germain-en-Laye quartierte er sich ein, dem Rat eines Hamburger Bekannten folgend.

Dort gefiel es Hebbel nicht. Er langweilte sich und meinte, in Wesselburen wäre er nicht schlechter dran gewesen. Saint-Germain lag zu weit vom Zentrum entfernt. Am 1. Oktober schon zog er wieder um, und die französische Metropole bezauberte ihn. Er war hingeris-

Das Panthéon. Stich von Wagner

Paris: die Champs-Élysées

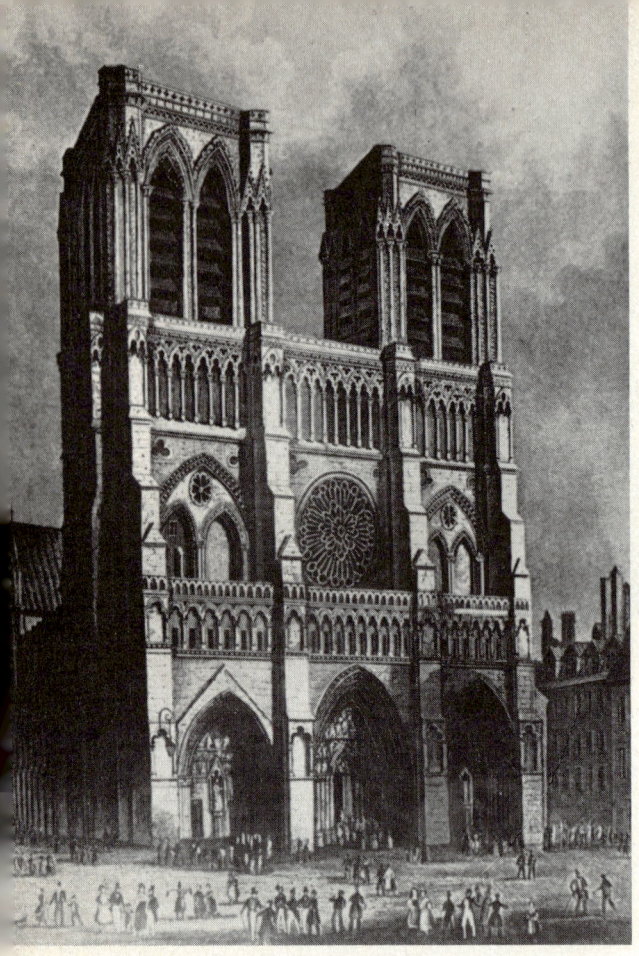

Notre-Dame. Stich von C. Reiss

sen von der Pracht der Boulevards und dem wogenden Leben, das sie durchpulste. Je länger er verweilte, desto fester fügte er sich in diese Welt, weil sie ihm von Tag zu Tag liebenswerter wurde. Als er scheiden mußte, ließ er ein Stück von sich zurück: *Paris wird immer der Mittelpunkt aller meiner Wünsche bleiben.*[146]

Der Louvre begeisterte Hebbel – fast täglich verbrachte er in ihm einige Stunden –, ebenso das Musée du Luxembourg, in dem das Original der «Judith» von Horace Vernet hing. Die grandiose Anlage des Schlosses von Versailles bannte den Dichter, das Panthéon beeindruckte ihn wie noch kein Werk der Architektur zuvor:

Endlich am Ziel der Bahn, jedoch in gemessenen Schranken,
Ruht die erhabenste Kunst hier in sich selber sich aus;
Schaudernd blickt sie zurück und schwindelnd vorwärts, sie zweifelt,
Ob ihr das Gleiche gelingt, wenn sie sich weiter getraut.[147]

Notre-Dame dagegen in ihrem Rußkleid blieb für ihn ein eher häßliches Bauwerk des Mittelalters, Monument einer vergangenen Epoche. Die Schönheit der Gärten von Paris und die Umgebung der Stadt rissen ihn hin.

Mit dieser ganzen neuen Welt machte ihn Felix Bamberg bekannt, preußischer Konsul in Paris. Vertraut mit Land und Leuten, mit Sitten und Bräuchen, sprach Bamberg fließend Französisch. Er war ein Mann mit einer breiten Begabung; neben seiner Juristerei und der politischen Arbeit erwarb er sich gute Kenntnisse der Philosophie Hegels, schrieb über Musik und pflegte vor allem das Gebiet, dem offenbar seine ganze stille Neigung galt, die Literatur.

Bamberg widmete Hebbel schon 1846 einen Essay: «Über den Einfluß der Weltzustände auf die Richtungen der Kunst und über die Werke Friedrich Hebbels»; er schrieb Einzelkritiken über verschiedene Dramen und den Artikel in der «Allgemeinen Deutschen Biographie». 1885 edierte er die Tagebücher in zwei Bänden und gab der Hebbel-Forschung damit den entscheidenden Anstoß. Fünf Jahre später ließ er «Friedrich Hebbels Briefwechsel mit Freunden und berühmten Zeitgenossen» folgen.

In Paris schloß er sich dem Dichter eng an. Dieser lernte das selbständige Urteil des Kritikers schätzen und gab stets viel auf sein Wort. Mit wechselnder Intensität setzte sich die Bekanntschaft bis zu Hebbels Tod fort.

Durch Felix Bamberg stieß Hebbel erneut auf Hegel. In Wesselburen hatte er Feuerbach gelesen, in München bei Schelling und Görres seine spekulative Neigung in bescheidenem Maß befriedigt. Oehlenschläger diskutierte mit ihm die «Ästhetik». In Paris begegnete er nicht nur einem Schüler des Berliner Denkers, der sich die Gedanken des großen Meisters in der Theorie angeeignet hatte, er traf auch Männer linkshegelscher Provenienz, die den preußischen Staatsphilosophen mit der Elle ihrer Zeit maßen und seine Ideen als unbrauchbar für die Gegenwart verwarfen. Felix Bamberg machte Friedrich Hebbel mit Arnold Ruge bekannt, der mit Karl Marx die beiden einzigen Nummern der «Deutsch-Französischen Jahrbücher» publizierte.

Der philosophisch-politische Schriftsteller Ruge hatte zuvor die «Halleschen Jahrbücher für deutsche Wissenschaft und Kunst» herausgegeben. Als das Blatt verboten wurde, ging er nach Paris, kam jedoch später zurück, eröffnete 1847 ein Verlagsbüro in Leipzig und nahm ein Jahr später an der Frankfurter Nationalversammlung teil. 1854 veröffentlichte Ruge anonym eine kurze biographische Schrift über Hebbel.

Marx hatte in der bürgerlichen «Rheinischen Zeitung» in Köln, die er im März 1843 der Zensur wegen verlassen mußte, die Anarchie des Geistes und das Regiment der Dummheit zu scharf gegeißelt und sah in Deutschland keinen Raum mehr, sich frei zu entfalten. Ruges Angebot, nach Paris zu kommen, erlöste ihn. Hier konzipierte er 1844 in den Pariser Manuskripten seine Anthropologie. Als Grund der Entfremdung des Menschen definierte er darin zum erstenmal das durch Arbeitsteilung entstandene Privateigentum und forderte als Lösung dessen Aufhebung, den Kommunismus.

Wie würde Hebbel auf diese Gedanken, die auf den ersten Blick seinem eigenen Konzept nicht unbedingt zu widersprechen schienen, reagieren? Er diskutierte mit Ruge und ließ von allem Anfang keinen Zweifel darüber, daß er die Zeit zwar ähnlich interpretierte, zur Heilung der Übel aber ganz andere Mittel für notwendig hielt: *Ich sagte ihm (Ruge) neulich: die Welt, die Sie aufbauen, wird über kurz oder lang auch wieder in zwei Parteien zerfallen, in die der Gejagten und der Jagenden...*[148]

Hebbel lehnte jedoch nicht alle Gedanken der Gruppe ab, obwohl er nichts mit ihr zu tun haben mochte: *So wenig Kunst und Wissenschaft als Religion soll noch bestehen, die Geschichte soll bleiben und ihr Gehalt doch wegfallen – ich könnte, obgleich wir persönlich ganz gute Freunde sind, keine zwei Schritte mit diesen Leuten gehen, denn sie treiben sich in lauter Widersprüchen herum und sehen gar nicht ein, daß alles Politisieren und Welt-Befreien doch nur Vorbereitung auf das Leben, auf die Entwicklung der Kräfte und Organe für Tat und Genuß sein kann... Doch enthalten diese Jahrbücher zwei ausgezeichnete Aufsätze von einem Preußen, Friedrich Engels in Manchester, die L a g e E n g l a n d s und K r i t i k d e r N a t i o n a l - Ö k o n o m i e, wovon namentlich der letztere die ungeheure Unsittlichkeit, worauf aller Handel der Welt basiert ist, bloßlegt. Für mein letztes Drama «z u i r g e n d e i n e r Z e i t» hatte ich mir, nebst anderen Konsequenzen, die mit der Zeit aus der jetzigen Weltlage hervorgehen, auch die notiert, daß, so wie jetzt die Kindesmörderinnen b e s t r a f t werden, sie dann eine B e l o h n u n g erhalten und daß Staatsanstalten existieren müßten, worin die Kinder der Pauperisten g e t ö t e t würden. Es steht in meiner Schreibtafel. Zu meinem größten Erstaunen lernte ich nun aus dem Engelschen Aufsatz über Nationalökonomie, daß der berühmte Nationalökonom M a l t h u s dies schon wirklich in Vorschlag gebracht, meine Phantasie also zur Nachhinkerin seines Verstandes gemacht hat. Es war mir lieb, denn ich sehe doch daraus, daß ich unser jetziges soziales Prinzip richtig gefaßt habe.*

Für den Dichter war damit die Welt der revolutionären Literaten erledigt. Seine Aversion gegen den Kommunismus verschärfte sich noch, trotzdem blieb er mit Ruge befreundet. Während der französischen Februar Revolution die Marx und Engels mit ihrem «Manifest» vergeblich zu beeinflussen suchten – schien ihm die größte Gefahr aus dieser Ecke zu kommen: *Mögen nur die Fratzen des Kom-*

Heinrich Heine.
Stich nach einem Gemälde von Moritz Oppenheim

*munismus in Paris darnieder gehalten werden! Wahnsinnig möchte
ich die Geschichte nicht gern sehen.*[149] Vor diesen Geistern, die er
nicht gerufen, sondern nach eigenem Zeugnis bereits 1843 bekämpft
hatte, packte Hebbel die Angst.

Die Restauration in Deutschland nach der Revolution von 1830
verleidete vielen das Leben im Vaterland. Zu den Emigranten gehörte
auch Heinrich Heine, der sich ebenfalls in Paris eine neue Heimat
suchte und von dort aus die kleinliche Enge der literarischen und politischen Zustände in Deutschland verhöhnte. Es verstand sich von
selbst, daß Bamberg, der Heine kannte, Hebbel bei diesem einführte.
Beim ersten Treffen unterhielten sie sich lange. Heine zitierte Hebbels Verse, und sie diskutierten nicht nur über ihren gemeinsamen
Verleger Campe, über den beide klagten.

Judith kannte Heine nicht. Hebbel brachte ihm ein Exemplar; das
Urteil des Lyrikers über das Drama konnte nicht anerkennender sein.

Heine bewunderte das Werk und äußerte sich gegen Dritte, Hebbel sei der bedeutendste gegenwärtige Dichter deutscher Sprache, er verstehe nicht, wie ein solches Stück noch entstehen könne.

Der erste Besuch war nicht der letzte, die Herzlichkeit zwischen den beiden Poeten verringerte sich jedoch. Das Verhältnis kühlte ab, Hebbels Begeisterung mischte sich bald mit Kritik: Heine werde alt, sein inneres Leben erlösche, seine beständige Krankheit deute darauf hin, daß von ihm nichts mehr zu erwarten sei. Immerhin erschienen noch die «Neuen Gedichte» 1844 und sechs Jahre später «Romanzero».

Von Paris aus brachte Hebbel ein Problem in Ordnung, das er angeblich bereits in München gelöst hatte, seine Promotion. Als er Bayern 1839 verließ, gab er sich Bekannten in Wesselburen gegenüber als Dr. phil. aus – auch in Kopenhagen mochte er auf diesen Titel nicht verzichten –, ohne jedoch das Examen gemacht zu haben. Jetzt reichte er der Universität in Erlangen, die den Titel recht freigebig verlieh, als Dissertation eine Abhandlung ein, mit der er sich nach seinen eigenen Worten nicht viel Mühe machte. Er nahm *Mein Wort über das Drama* und reicherte die Schrift mit Gedanken aus dem Vorwort an, das er zur *Maria Magdalena* schrieb. Das genügte, und nachdem er der Fakultät außerdem einige Fragen schriftlich beantwortet hatte, erhielt er, was er begehrte. Sein Diplom konnte er allerdings erst 1846 von Wien aus einlösen, weil ihm in Paris das Geld fehlte.

Gut ging es dem Dichter auch diesmal nicht in der Fremde. In Paris mußte man entweder reich oder ein Bettler sein; Hebbels Mittel aber waren beschränkt. Er sorgte sich, daß Kopenhagen vielleicht nicht für das zweite Jahr zahlen würde; wie sollte er dann zurückkommen? Andererseits mußte er Paris verlassen, er sollte ja reisen. Die Einsamkeit verfolgte ihn auch hier. Er klagte, daß er keine deutschen Bücher auftreiben könne, daß er zu wenig Bekannte habe und wieder ganze Wochen allein verbringe.

Elise Lensing konnte dem Freund nicht helfen, sie brauchte selber Trost, ihr Leben hatte seinen Mittelpunkt verloren. Am 2. Oktober 1843 starb ihr Kind an einer Gehirnhautentzündung. Vier Jahre zuvor war Emil Rousseau, Hebbels Freund, gestorben, am selben Tag. Daß sein Sohn Max nicht mehr lebte, erfuhr der Dichter erst nach drei Wochen.

Auch ihn erschütterte der Tod. Doch seine erste Aufgabe mußte es sein, die Niedergeschlagene wieder aufzurichten. Er tat es in flehenden Briefen, versuchte es vergeblich mit dem langen Terzinen-Gedicht *Maximilian Friedrich Hebbel an seine Mutter*, das später den Titel erhielt *Das abgeschiedene Kind an seine Mutter*. Er faßte den Plan, nach Hamburg zurück und von dort mit der Freundin nach Berlin zu gehen. Er bot ihr die Ehe an, sobald sie sich wiedersehen würden, und schlug ihr vor, zu ihm nach Paris zu kommen. Doch mitten in ihre Reisevorbereitung kam seine Absage. Er habe es durchgerechnet, schrieb Hebbel, es gehe nicht. Sie verstand und blieb und vergrub sich in ihren Schmerz. Es konnte sie auch nicht trösten, daß sie wieder schwanger war. (Im Mai 1844 gebar Elise Lensing ein zweites Kind, wieder einen Jungen, der Ernst getauft wurde.)

Als alles gute Zureden nichts half, wurde Hebbel ungehalten. Der hilfreiche Ton seiner Briefe schlug um in Strenge, er zog sich zurück: *Ich wage nicht, Dir noch irgendeinen Rat zu geben, Deine Seele muß sich selber zurechtfinden.*[150] Sie tat es endlich. Die verzweifelte Frau merkte nicht, daß ihr Freund sich in diesen Monaten innerlich von ihr löste. Die Briefe wurden seltener – nicht nur des Portos wegen –, der Bruch begann. Hebbel ahnte nun, daß er nicht an den Ruheplatz in Hamburg zurückkehren durfte, wenn er die Aufgabe seines Lebens verwirklichen wollte:

...ich trenne mich mehr und mehr von meiner allerdings finsteren Vergangenheit los, ich überzeuge mich mehr und mehr von dem hohen und einzigen Wert des Lebens und von der Kraft des Menschen, seine Befriedigung darin zu finden, und Sie wissen, wenn die Wunden geheilt sind, so rühmt man sich der Narben, leugnet aber freilich dabei, daß man sich im Schmerz jemals ungeduldig gebärdet hat... ich will gleich hinzufügen, daß meine größere Ruhe nicht daher rührt, weil ich nun die fürchterlichen Rätsel, die das Dasein aufgibt, besser zu lösen weiß, wie früher, sondern nur daher, weil ich jetzt besser verstehe, mir sie aus dem Sinn zu schlagen. Meine künftigen Dramen werden gewiß dem Grundcharakter nach von meinen bisherigen nicht verschieden sein, aber ich hoffe, man soll meine eignen individuellen Schmerzen nicht darin wiedererkennen, man soll finden, daß ich die tragischen Sentenzen nicht mehr mit meinem am eigenen Krampf zitternden Arm vollziehe...[151]

Einen Schritt brachte der Aufenthalt in Frankreichs Hauptstadt den Dichter seinem Ziel näher. In Paris vollendete Friedrich Hebbel seine dritte Tragödie. Den Grundgedanken hatte er bereits in München konzipiert: *Durch Dulden tun: Idee des Weibes. Klara dramatisch.*[152] Der Stoff: die Welt der eigenen Kindheit, die Erlebnisse in München mit Beppi Schwarz, die Mutterschaft der Freundin in Hamburg, lebte Jahre in ihm, bis er unerwartet in Kopenhagen hervortrat. Der erste Akt entstand. Dann unterbrach der Sommer 1843 in Hamburg die Arbeit; erst im Oktober wurde der zweite Aufzug in Paris fertig. Als Hebbel vom Tod seines Sohnes erfuhr, fehlten nur zwei Szenen. Einen Augenblick zögerte er, die Tragödie abzuschließen: als Totenopfer für sein Kind hätte er sie gern unvollendet gelassen. Er tat es nicht. Am 4. Dezember 1843 schloß er sein viertes Drama ab: *Maria Magdalena. Ein bürgerliches Trauerspiel.*

Zu dem eigenen Erlebnis kamen in den Jahren literarische Einflüsse. Hebbel beschäftigte sich mit Stücken, die ähnliche Themen behandelten. Er las «Die Soldaten» und den «Hofmeister» von Jakob Michael Reinhold Lenz, das «Leidende Weib» von Friedrich Maximilian von Klinger, Lessings «Emilia Galotti» und den Roman «Ernst Maltravers» des Engländers Edward Bulwer. Auch Goethes «Werther» gehörte dazu, und Hebbel verschärfte die Situation des Werkes in der

Frage: Was wäre wohl geschehen, wenn Lotte schwanger geworden wäre? Einzelne Züge sind aus diesen Stücken in die *Maria Magdalena* eingegangen.

Zunächst sollte das Werk «Klara» heißen, dann wählte der Dichter jedoch den biblischen Namen. Maria von Magdala hieß eine der galiläischen Frauen, die Jesus nachfolgten. Sie erlebte, wie Christus gekreuzigt und ins Grab gelegt wurde; am Ostermorgen erschien ihr der Auferstandene. In der katholischen Kirche gilt sie als Sünderin, die durch ihren Glauben errettet wurde. Hebbel wollte offenbar mit dem symbolischen Titel das Mißverhältnis zwischen der irdischen Schuld und der himmlischen Gnadengewißheit seiner Klara andeuten. Als Campe das Werk im September 1844 verlegte, schlich sich ein Druckfehler ein: Auf dem Umschlag stand *Maria Magdalene.* Seitdem schwankt der Titel. Der Dichter bevorzugte die Schreibung mit «a».

Friedrich Hebbel wußte, daß ihm ein bedeutendes Werk gelungen war und stufte die *Maria Magdalena* höher ein als die *Judith* und die *Genoveva.* Er widmete das Drama dem König von Dänemark, verstieß jedoch gegen die formalen höfischen Bestimmungen, die einen solchen Fall regelten, und handelte sich wieder ein indigniertes Kopfschütteln des Hofes ein.

Die Verteidigungsrede gab Hebbel seiner dritten Tragödie gleich mit auf ihren Weg, das Vorwort, *betreffend das Verhältnis der dramatischen Kunst zur Zeit und verwandte Punkte.* Es sollte *ein Manifest im eigentlichsten Verstande und nebenbei eine Kriegserklärung*[153] sein. Felix Bamberg hatte ihm die Vorrede *abgepreßt, als ich die Besorgnis gegen ihn aussprach, daß man mein kleines Familienbild für eine Ifflandsche Nachgeburt erklären könnte*[154].

Hebbel meinte, die Schrift sei ihm trefflich gelungen. Bamberg hatte sie zwar auf dem Gewissen, der Dichter aber mußte sie verantworten. Und schon bald zeigte sich, wie *verhängnisvoll*[155] sie wurde, weil die Kritik ihm jetzt vorwarf, *daß ich nach abstrakten Ideen dichtete.* Der gelehrte Friedrich Theodor Vischer, der 1844 mit 37 Jahren seinen ästhetischen Richterstuhl schon so vernehmlich zu rücken wußte, daß Deutschlands Dichter zusammenzuckten, hielt nichts von Hebbels Kunstphilosophie, weder vom Inhalt noch von der sprachlichen Form.

Dennoch fuhr man fort, Hebbel mit der Vorrede *zu hudeln, die mit meiner Praxis so wenig zu schaffen hat wie Schillers Abhandlung über die Moralität der Schaubühne mit der seinigen und die, wie diese, aus Zeitverhältnissen entsprang*[156]. Die Kritik verließ die einmal aufgenommene Spur jedoch nicht wieder, denn das Vorwort setzte ja nur fort, was mit der Streitschrift gegen Heiberg begonnen hatte. Die Literaturwissenschaft folgte der Fährte bis 1938. Sie versteifte sich auf den Standpunkt: Hebbel dichtete, was Hegel dachte, und Fichte und Schelling standen dabei Pate. Zweifellos übernahm Friedrich Hebbel Theorien und Gedanken der zeitgenössischen Philosophie. Er wandte sich jedoch mit Recht gegen den Vorwurf, als dichtender Denker in Hegels Fußstapfen abgebucht zu werden.

Mit seiner Vorrede beabsichtigte er das Gegenteil von dem, was eintrat. Er wollte sein Drama gegen das zeitgenössische abgrenzen, vornehmlich gegen das bürgerliche Trauerspiel, das seiner Meinung nach in Mißkredit geraten war, weil es nicht aus dem ihm eigenen spezifischen Momenten gestaltet, sondern beispielsweise aus dem Konflikt verschiedener Stände hergeleitet wurde.

Diesen Fehler vermied Hebbel nach eigenem Urteil, weil er meinte, mit den einfachsten Mitteln die höchste tragische Wirkung erreicht zu haben. Er entwickelte sein bürgerliches Trauerspiel *aus den dem bürgerlichen Kreise ursprünglich eigenen Elementen, die nach meiner Ansicht einzig und allein in einem tiefen gesunden und darum so leicht verletzlichen Gefühl und einem durch keinerlei Art von Dialektik und kaum durch das Schicksal selbst zu durchbrechenden Ideenkreis bestehen* [157].

Das Tragische entspringt *nicht aus dem Zusammenstoß der bürgerlichen Welt mit der vornehmen, woraus freilich in den meisten Fällen auch nur ein gehaltloses Trauriges hervorgeht, sondern ganz einfach aus der bürgerlichen Welt selbst, aus ihrem zähen und in sich begründeten Beharren auf den überlieferten patriarchalischen Anschauungen und ihrer Unfähigkeit, sich in verwickelten Lagen zu helfen.*

Alle Personen sind nach Hebbels Ansicht *im Recht... Im Hintergrund bewegen sich die Ideen der Familie, der Sittlichkeit, der Ehe mit ihren Tag- und Nachtseiten, und Konsequenzen dämmern auf, die wohl erst nach Jahrhunderten in dem Lebenskatechismus Aufnahme finden werden.* [158]

Meister Anton, *ein Riese,* drängt mit seiner *Felsenhaftigkeit* [159] seine Tochter aus der Welt, aber *man sieht, daß er nicht anders kann, wenn er auch möchte, dadurch ist er und der Dichter mit ihm gerechtfertigt.*

Leonhard ist *bloß ein Lump, kein Schuft... Dieser Hundsfott lebt nicht aus einem Prinzip, sondern aus seiner Natur heraus, man ärgert sich nicht über ihn, sondern über Gott, der ihn gemacht hat.* [160]

Zwischen den beiden Männern steht Klara, eingesperrt in die enge Welt des Alten, an Leonhard gekettet durch die Folge einer banalen Tat: Klara gibt sich ihm ja nicht hin, sie gibt sich auf, als sie geschehen läßt, was er verlangt. Deshalb entspringt ihr *Geschick aus einem Minimum an Schuld* und wächst *dennoch bis zum Ungeheuren* [161] an: *Das Resultat aber ist ein so vollständiges, wie nur irgend möglich, denn ein Fehltritt, der eigentlich gar keiner ist, weil das unglückliche Wesen ja nicht sowohl vom geraden Weg abweicht als aus diesem Wege herausgedrängt und gestoßen wird, kann nicht entsetzlicher gebüßt werden, und ich dächte, das Tragische der ganzen Situation, das sich mit dem Bedenklichen z u g l e i c h, nicht erst h i n t e r h e r entfaltet, sollte jeden Gedanken an dieses entfernt halten.* [162]

Die Kritik stimmte dem positiven Urteil des Dichters nicht einhellig zu. Sie spaltete sich in zwei Lager. Heinrich Laube stand bei den

Gegnern und rechnete das Stück zur Spreu, Fr. Th. Vischer stand bei den Befürwortern und zählte es zum Weizen. Laube erlebte eine Aufführung in Leipzig und hatte den «Eindruck vernichtender Traurigkeit. Als der Vorhang zum letztenmal gefallen war, herrschte in dem kleinen Zuschauerkreis helle Verzweiflung. Wir gingen von dannen wie von einer Hinrichtung.»[163]

Vischer sah in der *Maria Magdalena* ein Werk, das dem bürgerlichen Trauerspiel einen neuen Geist eingehaucht hat. Gar nicht einstimmen mochte er in einen Punkt, der bald alle ablehnenden Kommentare beherrschte, Klaras Schwangerschaft.

Daran biß sich die Kritik fest. Auguste Stich-Crelinger, die bedeutendste tragische Darstellerin der Königlichen Schauspiele in Berlin, der Hebbel sein Stück in der Hoffnung schickte, sie werde es wie die *Judith* fördern, winkte ab: Klara in einem solchen Zustand – darüber könne sie nicht hinweg. Der Stein des Anstoßes brachte eine Lawine ins Rollen, die das Drama fast zugeschüttet hätte. Obwohl Hebbel Fausts Gretchen und Egmonts Klärchen beschwor, lehnte eine Intendanz nach der anderen die Übernahme ab. Erst am 13. März 1846 gab der Direktor des Königsberger Stadttheaters, Arthur Woltersdorf, seine Bühne für die *Maria Magdalena* frei, jedoch nicht, ohne sich rückzuversichern. Der Tragödie ließ er die Komödie «Drei Feen von Paris» von W. Friedrich folgen. Die Aufführung wurde nur einmal drei Tage später wiederholt.

Als das geschah, hielt Hebbel sich längst nicht mehr an dem Ort auf, wo das Werk entstanden war. Nicht Berlin, wie vorübergehend geplant, wählte er als nächstes Ziel seiner Reise, sondern Rom. Am 26. September 1844 verließ er Paris, *die Hauptstadt der Welt*[164], am 3. Oktober betrat er Rom, *den Scherbenberg der Welt*[165]. Ein Schiff brachte ihn auf der Rhône nach Lyon, bis Marseille benutzte er die Postkutsche, und die Überfahrt mit dem Dampfer nach Civitavecchia wurde zu einem seiner schönsten Erlebnisse.

Das klassische Italien-Erlebnis ging Hebbel ab. Rom beeindruckte ihn nicht so tief wie Paris: *Paris ist ein Ozean, Rom das Bett eines Ozeans. In Paris kann man mitschwimmen, in Rom muß man untersuchen, wie andere vor Jahrtausenden geschwommen haben.*[166] Die Welt der Antike entstand ihm nicht aus dem Schutt der Geschichte. Er bemängelte das Klima und störte sich an den unreinen und nachts auch wohl nicht immer ganz sicheren Straßen. Der kolossale Raum von St. Peter brachte ihn nicht zur Andacht, die Zeremonien der katholischen Kirche stießen den Norddeutschen ab.

Im Café am Corso trafen sich die Künstler aller Länder. Mit den Deutschen schloß Hebbel gleich nach seiner Ankunft Bekanntschaft. Peter von Cornelius lebte unter ihnen und Karl Rahl, der später einige der besten Bildnisse des Dichters malte. Ludwig Gurlitt, Landschaftsmaler aus Altona, ein begabter Künstler und trefflicher Mensch, trat Hebbel am nächsten. Er lieh ihm manchen Taler, so daß der Mittellose tief in seiner Schuld stand, als er Rom verließ. Erst 1848 konnte er das Geld zurückzahlen.

Die fröhlichsten Stunden in Rom verlebte Hebbel am Weihnachts-abend im Kreis der neuen Freunde: *Ein himmlisches Wetter, wovon man im Norden keine Vorstellung hat ... Wir genossen, mit Wein-laub bekränzt, ein einfaches Mahl, Toaste wurden ausgebracht, sogar einer auf mich, und alles war glücklich. Ich hätte weinen können ...*[167]

Was Hebbel nicht erwartet hatte, begegnete ihm in Rom in diesem Kreis: der Ruhm des Dichters drang bis in Italiens Hauptstadt. Er war nicht mehr so unbekannt, wie er dachte. Stolz berichtete er nach Hamburg, daß *die Intraden des Ruhms*[168] sich bei ihm einstellten: *Wenn Du mir zuweilen von «Durchkommen» schreibst, beschleicht mich ein unsäglich peinliches Gefühl. Nein, damit bin ich jetzt nicht mehr zufrieden. Lieber den Tod, als ein so enges Dasein, wo man von Tag zu Tag, wie die Raupe von Blatt zu Blatt hinüberkriecht und selig ist, wenn man sich satt fühlt.*

Im Sommer besuchte Hebbel Neapel und verlebte in der Villa Reale zwischen dem blauen Meer und dem Vesuv, der nachts einen rötlichen Schein ausstrahlte, fröhliche Abende:

Villa reale a Napoli

Unter duftigen Bäumen, vom Hauch des Abends durchsäuselt,
Sammelt von reizenden Frau'n still sich ein glänzender Flor;
Leise ergießt sich der Strom melodischer Klänge und schaukelt
Zwischen Wonne und Weh jedes empfängliche Herz;
Aber die Wogen des Meeres, am nahen Gestade sich brechend
Und vom Winde geschwellt, donnern verhalten darein,
An die gewalt'gen Akkorde der rollenden Sphären uns mahnend,
Welche für's menschliche Ohr sanft zur Musik sich gedämpft.[169]

Hier traf sich die elegante Welt bei Militärmusik und Wiener Wal-zer. Hebbel lernte die beiden Schwestern Angiolina und Emilia aus Messina kennen und beschrieb die Schönheit der Sizilianerinnen in Stanzen.

Mit dem Literarhistoriker Hermann Hettner, den die Aufführung der *Judith* in Berlin für den Dichter eingenommen hatte, besuchte Hebbel Pompeji und bestieg den Vesuv. In diesen Monaten fühlte er sich zum erstenmal frei und nahm bereitwillig an dem fröh-lichen Leben teil. Dem Geld gegenüber wurde er gleichgültiger, und das ewige Sparen langweilte ihn jetzt.

Von dieser frohen Stimmung erfuhr die Freundin in Hamburg we-nig. Zwischen Hebbels Briefen lagen Wochen und manchmal Mona-te. Was Elise Lensing ihm mitteilte, berührte ihn kaum. Er klagte über die Hitze, schilderte ihr seine finanzielle Lage und ließ sie in eine dunkle Zukunft blicken. Sie lockte mit der Ehe, berichtete, daß ihre Mutter das Geld für die Trauung geben würde, traf den Freund damit aber an seiner empfindlichsten Stelle. Vor Hamburg und Hei-rat grauste Hebbel wie vor dem Grab, und er schrieb es der Einsa-

Hebbels Gedicht «Das Venerabile in der Nacht», zu dem die
beiden sizilianischen Schwestern ihn anregten.
Von Hebbel selbst niedergeschrieben

men. Er versprach ihr, für sie und das Kind alles tun zu wollen, was ihm möglich wäre, sagte ihr aber unumwunden, daß er nicht nach Hamburg zurückkehren würde.

Sein Entschluß stand fest: das Verhältnis würde eine Freundschaft auf Distanz werden, oder er mußte es abbrechen. Am 21. Februar 1845 notierte Hebbel in sein Tagebuch: *Schüttle alles ab, was Dich in Deiner Entwicklung hemmt, und wenn's auch ein Mensch wäre, der Dich liebt, denn was Dich vernichtet, kann keinen anderen fördern.*[170] Der Würfel war geworfen, er fiel für die dichterische Bestimmung, gegen die Freundin.

Die heitere Gelassenheit, in der Hebbel lebte, stand aber auch in krassem Gegensatz zu seiner tatsächlichen Lage. Die finanzielle Situation war so hoffnungslos wie je. Er lebte fast nur noch von Schulden. Wie er Elise Lensing und seinen Sohn ernähren sollte, mußte völlig unklar bleiben, denn auch seine poetische Produktion stockte.

Seit dem Abschluß der *Maria Magdalena* hatte er kaum etwas geschrieben, was seinem Talent zur Ehre gereichen konnte. In Rom arbeitete er vor allem an einer neuen Tragödie *Moloch,* zu der er den Grundgedanken bereits am 9. Januar 1837 notiert hatte. Die Arbeit kam jedoch nicht wesentlich voran.

Zwei Akte entstanden in Rom und Neapel, und Hebbel glaubte, dies Drama werde sein Hauptwerk. Im Mittelpunkt sollte Hannibals Unterfeldherr Hieram stehen als Stifter einer neuen Religion und Kultur. Aus dem in Flammen gehüllten Karthago entführt er das Bild des Götzen Moloch und bringt es nach Thule. Hieram vernichtet sich selber durch seinen Egoismus, doch sein Werk überlebt ihn, und ein Reich entsteht, das ständig vollkommener wird.

Das Drama sollte die *Pietät* als *die Wurzel der Welt*[171] veranschaulichen. Der Dichter wußte, daß er es nicht in einem Jahr fertigstellen konnte, sondern meinte, er müsse sein ganzes Leben daran verwenden. Er tat es, dennoch blieb der *Moloch* Fragment.

Außerdem schrieb Hebbel etwa hundert Gedichte und fast so viele Epigramme, die bis zu fünfzig Zeilen umfassen und über Kunst, Sprache und Dichtung handeln. Er hielt sie für bedeutend und hoffte, sie wären auch Campe willkommen. Das Gegenteil trat ein. Der Verleger deponierte eine saubere Handschrift mit 22 Epigrammen im Schreibtisch, beantwortete die Sendung überhaupt nicht und verschenkte das Manuskript später.

Am 29. Oktober 1845 verließ Friedrich Hebbel Rom; es wurde ihm nicht schwer. Die 200 Taler aus Kopenhagen – in seinen Augen ja eigentlich nichts als ein Almosen – und die beträchtlichen Schulden zwangen ihn zur Rückreise. Er nahm die Postkutsche nach Ancona und setzte von dort mit dem Schiff nach Triest über. Dann ging es auf dem Landweg weiter nach Wien. Dort wollte er versuchen, eine Existenz aufzubauen oder gleich weiterreisen nach Berlin oder Prag.

Christine Enghaus, um 1835. Bleistiftzeichnung von Aldenrath

Die Wende

Das Wunder von Wien änderte alles.

Überraschend nahmen die Journale der Hauptstadt der k. und k. Monarchie Notiz von dem Gast Friedrich Hebbel. Aus eigener Initiative meldeten sie seine Ankunft und brachten Artikel über ihn. Die «Sonntagsblätter» kündigten ihn als den geistvollen Dichter der *Judith*, *Genoveva* und der *Maria Magdalena* an. Hebbel genoß *diese Atmosphäre der Liebe und des Wohlwollens* [172], die ihm so ganz unerwartet entgegenschlug. Er machte zahlreiche Bekanntschaften, und die Jugend feierte ihn als den *König der Literatur*. Hebbel kam in Mode. Ihn den großen Poeten zu nennen, gefiel dem Wiener Charme. In kürzester Frist wurde er, *was man den Lion der Saison nennt* [173].

Die meisten der in Wien lebenden Schriftsteller, viele Künstler und einige Wissenschaftler sahen eine Ehre darin, mit ihm zusammenzutreffen. Er sprach mit den einflußreichen Schauspielern des Burgtheaters, mit Ludwig Löwe und Heinrich Anschütz. Der Orientalist Joseph Freiherr von Hammer-Purgstall bat um seinen Besuch. Zu Franz Grillparzer lenkte Hebbel selber den Schritt. Er lernte einen überaus freundlichen Herrn kennen, der freilich insgeheim über den Gast ganz anders sprach, als er sich ihm selbst gegenüber äußerte.

Der Vizedirektor der Burg, Johann Ludwig Deinhardstein, war von dem Dichter sehr angetan. Vier Artikel schrieb er über ihn und empfahl die Aufführungen seiner Werke. Daraus wurde allerdings nichts, denn der Intendant, Moritz Graf von Dietrichstein, ignorierte Hebbel; er kannte ihn nicht einmal dem Namen nach.

Der Wiener Wirbel riß Hebbel hin; nutzen konnte er dem Dichter jedoch wenig. Die Ehre machte ihn nicht satt und gab ihm keinen neuen Oberrock. Erforderlich waren Erfolge auf der Bühne; die aber ließen sich nicht erreichen. Deshalb dachte Hebbel an eine Weiterreise, die die enthusiastischen Grafen Zerboni hinauszögerten. Der Schriftsteller Otto Prechtler, den Hebbel in dem literarischen Verein Concordia traf, führte ihn zu der Hofschauspielerin Christine Enghaus. Das war die Wende.

Beim vierten Besuch verlobte sich der Dichter mit der Künstlerin: *Ich liebe sie, wie ich noch nie geliebt habe und werde ebenso von ihr geliebt. Ein Tag bringt mir jetzt mehr Glück als ehemals ein ganzes Jahr. Sie ist lebenslänglich mit 5000 Gulden beim Hoftheater engagiert, ihre Stellung erlaubt uns daher, uns zu heiraten.* Am 26. Mai 1846 fand die Hochzeit statt.

Hebbel war ehrlich genug, sich die wahren Gründe dieses Schrittes nicht zu verheimlichen: *Ich tat es sicher aus Liebe, aber ich hätte dieser Liebe Herr zu werden gesucht und meine Reise fortgesetzt, wenn nicht der Druck des Lebens so schwer über mir geworden wäre, daß ich in der Neigung, die dies edle Mädchen mir zuwendete, meine einzige Rettung sehen mußte.* [174]

Bei Christine Enghaus lag der Fall anfangs durchaus ähnlich; trotzdem wurde es eine glückliche Ehe. Hebbel fand nicht nur eine Frau, die ihm finanziell half, sondern eine ebenbürtige Partnerin. Sie war vier Jahre jünger und stammte aus Braunschweig, wo sie bereits als Siebenjährige im Kinderballett und in kleinen Rollen auftrat, weil sie zum Unterhalt der Familie beitragen mußte. Als Friedrich Hebbel noch in Wesselburen lebte, stand Christine Enghaus bereits als Jungfrau von Orléans in Bremen auf der Bühne. In Hamburg sah Hebbel sie, und schon 1840 wurde sie mit 23 Jahren ans Burgtheater verpflichtet – auf Lebenszeit.

Auch sie kannte Hebbel, bevor sie ihm begegnete, und die Künstlerin empfand fast ein wenig Furcht vor dem Dichter. Seine Frauenrollen hatten sie begeistert, Klara bestürzte sie. Die Schauspielerin hatte einen unehelichen Sohn. Würde Hebbel ihr als richtender Meister Anton gegenübertreten? Er tat es nicht, konnte es nicht. *Sie war schon sehr unglücklich und ist unendlich schwer geprüft worden, aber, solange die Welt besteht, haben wohl nur wenige einen solchen Seelenadel, ein so reines edles Herz aus einem Flammenbad, wie das ihrige, gerettet... die Güte ihres Wesens ist unwiderstehlich.*[175]

Ihre Schönheit war es nach Hebbels Zeugnis auch. Doch kaum geringer als den Menschen mochte der Dichter die Künstlerin beurteilt sehen. Christine Enghaus durfte sich eine der bedeutendsten tragischen Schauspielerinnen der Zeit nennen. Das Publikum liebte sie, und manchen der von ihr gespielten Rollen – vor allem in Hebbels späteren Dramen – verlieh sie Glanz.

Daß die Ehe für die Hautevolee von Wien ein Ereignis war, lag auf der Hand; daß sie nicht überall gutgeheißen wurde, allerdings auch. Amalie Schoppe, die immer noch ein Recht auf den Dichter zu haben glaubte, reagierte empört. Sie warf ihrem ehemaligen Schützling vor, in Hamburg Frau und Kind im Stich zu lassen: «Sie opferte ihm... ihr ganzes kleines Vermögen, und nun er damit fertig ist, verläßt er sie und sein Kind! Sein Geist ist groß; aber sein Charakter so elend als möglich.»[176]

Ein hartes Wort. Auch Gutzkow schrieb später, Hebbel «habe eine mit 6000 Gulden jährlich vom Kaiser bezahlte Frau geheiratet, eine zweite Elise Lensing», die ihn «ernährte»[177]. Würde die am stärksten Betroffene auch so unnachsichtig sein? Hebbel wußte ja, was die Freundin für ihn getan hatte: Sie ließ ihn studieren und ermöglichte ihm das Leben in München. Sie war der Rettungsanker, an dem er sich aus dem Strudel, der ihn zu verschlingen drohte, auf einen sicheren *Landungsplatz* zog. Ihre Briefe erwartete er sehnsüchtig, wenn die Einsamkeit ihn überfiel. Immer wieder pries er ihre Güte und Liebe. Am 8. März 1840 hatte er in sein Tagebuch geschrieben: *Gott! Sie ist die letzte, die mir die Welt erträglich macht.*[178]

Damit war es jetzt vorbei. Unerträglich empfand Hebbel nun sogar den Gedanken, die Freundin an seinem Glück teilnehmen zu lassen. In Paris spitzte sich das Problem zu auf die Alternative: Dichter oder Ehemann in Hamburg. In Rom hielt er noch einen Kompromiß für annehmbar: Kontakt auf Distanz. Die Heirat in Wien zerschlug auch diese Möglichkeit. Die Freundschaft, die der Dichter einst als die würdigste und dauerndste gepriesen hatte, endete in gehässigem Streit.

Felix Bamberg vernichtete die Briefe, die diesen letzten unschönen Akt besiegelten, so daß es nicht möglich ist, ein genaues Bild von dem Zerwürfnis zu zeichnen. Vielleicht ist das gut so, denn allein die erhaltenen Schriftstücke öffnen einen Abgrund. Beide traten auf als Ankläger und Verteidiger zugleich, beide als Richter über den andern. Elise Lensing war zu tief getroffen, Friedrich Hebbel zu sehr empört über ihre gehässigen Argumente. Für sie brach die Welt zusammen, er glaubte, den *Todesschleier* [179] zerrissen zu haben, der *nun fast zehn Jahre über meinem Leben geruht.* Seine Entscheidung rechtfertigte er mit seiner eigenen Existenz: *Ich schauderte vor dem Gedanken, mein Leben an der Seite eines Frauenzimmers zu Ende bringen zu müssen, das ich nie geliebt und das dies immer gewußt hat... Jedes Opfer darf man bringen, nur nicht das eines ganzen Lebens, wenn dies Leben einen Zweck hat.* [180]

Seine Frau war es, die die Wogen glättete und dem Verhältnis eine erträgliche Form gab. Im April 1847 kam aus Hamburg die Nachricht, der Sohn Ernst sei erkrankt. Hebbel versuchte zu helfen; er wählte jedoch Mittel, die die Verlassene nicht erreichen konnten. Er riet ihr, seine Briefe aus Paris wieder zu lesen, die er beim Tod ihres ersten Kindes geschrieben hatte. In ihnen aber fand Elise Lensing schon damals keinen Trost. Er schlug ihr sogar vor, das Kind nach Wien zu bringen. Ernst starb am 12. Mai 1847, sein Vater hat ihn nie gesehen.

Als die Todesbotschaft eintraf, regte seine Frau an, die Einsame solle nach Wien kommen, ja, sie war sogar damit einverstanden, daß sie ständig bei ihnen wohnte. Am 29. Mai traf Elise Lensing in Wien ein. Sie blieb ein Jahr und nahm Hebbels Stiefsohn Karl mit nach Hamburg, als sie am 27. August 1848 wieder zurückkehrte.

Ihr früherer Freund behandelte sie wie eine Fremde. Er empfing sie, als wäre nichts vorgefallen; aussprechen durfte sie sich nicht. Später warf sie ihm vor, er habe sich bemüht, sie «herunterzusetzen» [181], und seine «Heftigkeit» sei mit einer «gehässigen Bitterkeit» gemischt gewesen. Trotzdem kehrte sie ohne Groll von dem Besuch zurück: «Ich bin mit meiner Lage zufrieden und erkenne, daß es so kommen mußte, solltest D u glücklich werden und nicht untergehen.»

Bei Hebbel heilte die Wunde nicht. Er wollte die Vergangenheit verdrängen. Kein persönlicher Brief traf mehr in Hamburg ein. Nur geschäftlich schrieb er einige Zeilen, wenn er Geld für seinen Stiefsohn schickte. Mit diesen Mitteln bestritt Elise Lensing einen Teil ihres Unterhalts. Auch vermietete sie weiterhin; nie verfügte sie über mehr als das Nötigste.

Die beiden Frauen hielten Kontakt. Sie hatten sich in Wien gut verstanden und schrieben einander. Im Juli 1853 besuchte Christine Hebbel ihren Sohn Karl und seine Ziehmutter in Hamburg. Der Dichter gab seiner Frau mit auf den Weg, sie solle die Vertraute sei-

Brief an den Stiefsohn Karl, mit der Handschrift des Dichters, Christine Hebbels und der Stiefschwester Christine

Hebbels Adresse während des Besuchs in Hamburg 1853

ner Jugendjahre ermahnen, wahrhaftig gegen ihn zu sein. Später kam er nach und wohnte noch einmal unter dem Dach der Freundin in St. Georg, Steindamm 146.

Am 18. November 1854 starb Elise Lensing nach langer Krankheit an einem Lungenleiden, 50 Jahre alt. Hebbel verleugnete seine Geliebte von einst in einem Brief an den befreundeten Friedrich Uechtritz: *Meine Cousine ... ist vor drei Wochen mit dem Tode abgegangen. Es fiel mir bei der ersten Nachricht über ihren hoffnungslosen Zustand schwer aufs Herz, daß ich sie nicht im Frühling noch nach Ems geschickt hatte, was mir freilich nicht leicht gefallen, was aber doch nicht geradezu unmöglich gewesen wäre.*[182]

Elise Lensing wurde in einem Armengrab auf dem Friedhof von St. Georg begraben. Christine Hebbel ließ sie 1899 an ihrem Geburtstag auf den Kirchhof von Ohlsdorf umbetten.

Friedrich Hebbels Glück trübte dieser Tod kaum. Das Leben an der Seite seiner Frau entschädigte ihn für die Hungerjahre, die hinter ihm lagen. Ihr verdankte er ja weitgehend, was er jetzt sein eigen nannte. 1845, als er *dem Grabe näher war wie dem Brautbett, denn ich kam als ein Schatten aus Italien zurück und auf dem Schiff wurden Wetten angestellt, ob ich noch ein ganzes oder nur ein halbes Jahr vor mir habe*[183], hatte Christine Enghaus ihm eine sichere Obhut geboten.

Im Dezember 1846 wurde Hebbel Vater; das Kind starb aber schon nach zwei Monaten. Ein Jahr später, am 25. Dezember

1847. Stich von C. Geyer

1847, gebar Christine Hebbel ein Mädchen, das außer dem Namen ihrer Mutter auf Elisabeth Adolphine getauft wurde. Die Eltern nannten es Titile. Friedrich Hebbel lebte in glücklicher Zufriedenheit. In seinem Zuhause verweilte er am liebsten. Wenn er reisen mußte, was in den folgenden Jahren oft vorkam, sehnte er sich manchmal schon am ersten Tag zu seiner Familie zurück.

Wie stark sich sein Leben veränderte, machen die Jahresrückblicke im Tagebuch deutlich. Am 31. Dezember 1848 notierte er: *Möge mir bleiben, was ich habe, mehr will ich vom neuen Jahr gar nicht fordern.*[184] 1850: *Wenn ich nur behalte, was ich habe, so will ich un-*

endlich zufrieden sein.[185] 1851: *Mein Kind gedeiht... Möge in meinem Hause alles bleiben, wie es ist!*[186] Dieser Wunsch wiederholt sich auch in den folgenden Jahren, und 1856 fügte Hebbel hinzu:

Götter, öffnet die Hände nicht mehr, ich würde erschrecken,
Denn Ihr gabt mir genug: hebt sie nur schirmend empor![187]

Dabei lebte der Dichter durchaus nicht im Überfluß. Das Geld reichte aus, aber reichlich war es nicht. Der Hausherr konnte etwas für die Kinder zurücklegen, mußte aber doch jede Sonderausgabe genau prüfen. Mit einem Teil der Ersparnisse spekulierte er an der Börse. Ohne die Einkünfte seiner Frau wäre das nicht möglich gewesen, denn seine Feder vermochte seine Familie und ihn nicht zu ernähren. Das Rechnen mit dem Pfennig kannte Hebbel aus seinen frühen Jahren; auch jetzt ließ er nicht davon. Sogar den kleinsten Betrag trug er in äußerst exakt geführte Haushaltsbücher ein.

Die Krönung seines bescheidenen Wohlstands bedeutete das kleine Haus, das er im August 1855 in Gmunden am Traunsee für 3000 Gulden kaufte. Es galt ihm als sichtbares Zeichen dafür, daß er die Armut endlich überwunden hatte. Das Grundstück vermittelte ihm den Stolz des Besitzes, der sich mit fast kindlicher Befriedigung äußer-

Aus Hebbels Haushaltsbuch

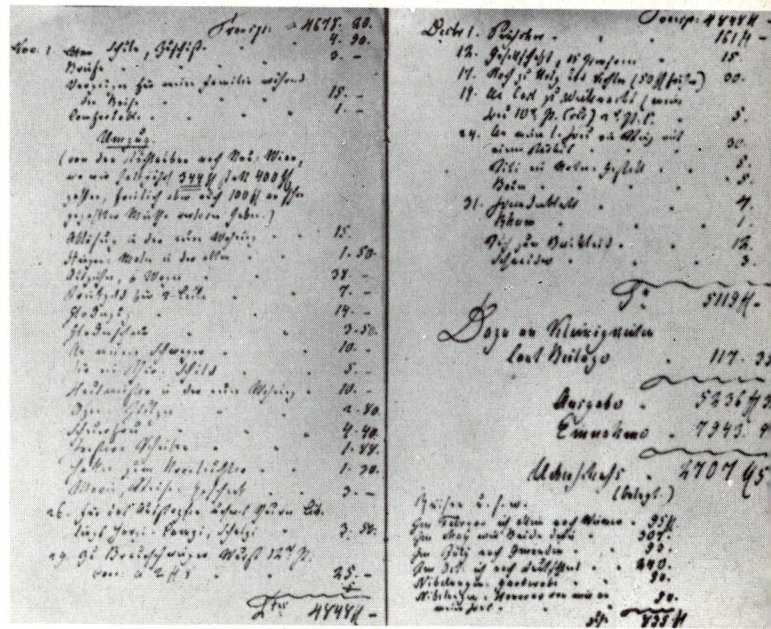

te: *Es gibt eine Tür, aus der ich nicht herausgeworfen werden kann und einen Garten, über dessen Planke ich nach Belieben klettern oder springen darf, ohne daß mir irgendein Mensch etwas dareinzureden hat.*[188]

Schon bald merkte Friedrich Hebbel, *daß erst die Ehe den Menschen zum ganzen Menschen macht*[189]. Er wollte den Gedanken dramatisch darstellen. Zunächst schrieb er jedoch zwei Stücke, die gar nicht in die Welt seines Glücks passen, sondern als Zeugen seiner finsteren Vergangenheit in sie hineinragen.

Im September 1846 begann Hebbel das *Trauerspiel in Sizilien*, im Januar des nächsten Jahres vollendete er das Stück bereits. Es bewegt sich, *um es nur gerade heraus zu sagen, in der Sphäre des Abscheulichen*[190]. Ein sizilianischer Kaufmann aus Palermo erzählte Hebbel die Geschichte im Café di Europa in Neapel am Toledo. Der Dichter *fand diesen Vorfall so symbolisch, er schien mir die sittlichen und selbst die politischen Zustände des Landes und des Volkes so grauenhaft treu widerzuspiegeln und meine durch Forschen und Beobachten längst erworbenen Anschauungen so schrecklich zu bestätigen, daß er mir augenblicklich ... zum dramatischen Bild zusammenrann*[191]. Sofort notierte er sich den Stoff, in Wien arbeitete er ihn aus.

In den Mittelpunkt rückte er eine reine Mädchengestalt, Angiolina, einen *Menschen im Paradies zwischen den wilden Tieren*[192]. Doch dies mildernde Element konnte die grausige Stimmung im Stück nicht neutralisieren. Hebbel wollte mit ihm *die schrecklichste Seite des Polizeistaates*[193] veranschaulichen. Für dies Vorhaben erwartete er keinen *Beifall; wer darf von dem Hinzurichtenden fordern, daß er den Henker küsse, und auf diesem Fuß steht doch am Ende jetzt der Dichter zur Gesellschaft*[194].

Er siedelte sein Werk nach seinen eigenen Worten in der Mitte zwischen Tragödie und Komödie an. Das Manuskript sandte er Bamberg, der anregte, es eine Tragikomödie zu nennen. Hebbel griff den Vorschlag auf. Seine Ansicht über diese Gattung erläuterte er in einem *Sendschreiben an Heinrich Theodor Rötscher*, das er dem Drama voranstellte: *Man möchte vor Grauen erstarren, doch die Lachmuskeln zucken zugleich; man möchte sich durch ein Gelächter von dem ganzen unheimlichen Eindruck befreien, doch ein Frösteln beschleicht uns wieder, ehe uns das gelingt. Nun verträgt sich die Komödie nicht mit Wunden und Blut, und die Tragödie kann das Barocke nicht in sich aufnehmen. Da stellt sich die Tragikomödie ein, denn eine solche ergibt sich überall, wo ein tragisches Geschick in untragischer Form auftritt.*[195]

Rötscher kam aus der Gedankenwelt Hegels und galt als einer der führenden Dramaturgen und Ästhetiker. Mit seiner «Kunst der dramatischen Darstellung» setzte er Maßstäbe für jegliche schauspielerische Arbeit. Er forderte Hebbel auf, sich an seinen «Jahrbüchern für dramatische Kunst und Literatur» zu beteiligen. Beide tauschten ihre Gedanken in Briefen aus, deren Gegenstand vor allem Hebbels Dramen waren.

Das Haus in Gmunden. Gemälde von Willi Graba

Doch die Bekanntschaft endete anders, als sie begann. Der Dichter widmete dem Kritiker das Epigramm:

Ein philosophischer Analytiker der Kunst
Fangt ihm den Adler, er wird ihn zerlegen, wie keiner, doch leider
Sieht er den hölzernen oft für den lebendigen an.[196]

Friedrich Hebbel meinte, er habe mit seinem Werk einen Meilenstein in der Entwicklung der Tragikomödie gesetzt. Er täuschte sich sehr. Zwar fand er in J. J. Weber 1847 einen Verleger, das Drama wurde aber fast einhellig abgelehnt und erst 1907 im Hamburger Schauspielhaus aufgeführt.

Ähnlich erging es seinem nächsten Stück, einer Frucht desselben Baumes. Das *Trauerspiel in Sizilien* nannte Hebbel ein *unicum*[197], seine *Julia* wurde es auch. Er begann die Arbeit bereits im Herbst 1845, vollendete sie jedoch erst am 23. Oktober 1847. Er glaubte, etwas ganz Neues geschaffen zu haben. Trotzdem wähnte er, nicht von seiner *Lebensaufgabe, den gegenwärtigen Weltzustand, wie er ist und ward, darzustellen*[198], abgewichen zu sein.

Julia stellte einen Menschen dar, der außerhalb der Gesellschaft geboren wurde. So interpretierte es Hebbel selbst und nannte das Stück einen zweiten Teil der *Maria Magdalena*. Mit beiden wollte er seiner Gegenwart einen Spiegel vorhalten, *die wankende Gesellschaft in ihrem süßen Traum ewiger Dauer stören und sie auf die ihr drohende Gefahr aufmerksam machen*[199].

Die interessanteste Figur des Dramas, Graf Bertram, ist ein Verwandter Golos. Wegen der psychologisierenden Zeichnung dieses Charakters wurde immer wieder vermutet, der Dichter habe ihm eigene Züge gegeben. Nach einem rauschhaften Leben steht Bertram vor dem Nichts. Er hat *einen Menschen getötet... Mehr als getötet, ein stolzes, herrliches Geschöpf, das nicht alle Tage, ich muß es leider sagen, obgleich es meine Schuld erhöht, so aus den Händen der Natur hervorgeht...*[200] Er sehnt sich danach, seine Tat mit dem Tod zu büßen und verdammt sich dazu, im Gebirge über dem Abgrund zu leben.

Friedrich Hebbel war davon überzeugt, daß er *mit diesem Stück eine Entwicklungsepoche abgeschlossen*[201] habe: *Julia ist schon ganz Übergangsprodukt; ich trete nun in eine neue Sphäre ein und habe in derjenigen, die ich hinter mir zurücklasse, nichts mehr zu suchen; ja, ich lebte eigentlich, während ich die letzten Akte der Julia ausführte, schon in einer neuen und fühlte mich, als sie fertig war, von einer wahren Last befreit.*[202] Jetzt wollte er *das alte Gefängnis ohne Rauchfang und Fenster nicht weiter malen*[203], denn es würde doch einstürzen, und der Dichter müsse daran denken, einen neuen Bau zu errichten.

Ganz eindeutig hat Hebbel die Überzeugung geäußert, daß in *meiner Entwicklung zwei Perioden sorgfältig unterschieden werden müssen. Die eine geht von der Judith bis zum Herodes und umfaßt die Zeit des Ringens und Kämpfens... Die Werke der ersten Periode sind allerdings vulkanisch und blutig, aber das Feuer, wie düster auch immer, ist echt und das Blut... ist mein eignes.*[204] Was er in diesen Jahren schrieb, wurde nach seiner Ansicht oft falsch interpretiert, *weil die wenigsten begreifen, daß das Licht auch durch den Schatten gemalt werden kann*[205]. Dieser verdüsterte seine Werke, das Licht aber, das ihn warf, wollte kaum einer sehen. Dennoch beabsichtigte Hebbel nur, *an das Evangeliumwort zu mahnen, daß es zur Umkehr nie zu spät ist, und daß es selbst in der Hölle noch einen Weg zu Gott gibt, und das war doch gewiß eine Verherrlichung des sittlichen Gesetzes*[206].

Die Dramen *der zweiten Periode walten in einer ganz anderen Region*[207]. Dieser Abschnitt beginnt mit *Herodes und Mariamne* und reicht bis zu Hebbels Tod. Der Umschwung im Schaffen geht zurück auf das Erlebnis der Ehe und hat seinen Grund im familiären Glück des Dichters. Den dramatischen Unterschied definierte er selber: *Den hierher gehörigen Werken wird niemand die Versöhnung absprechen können.*[208]

Nun ist es allerdings eine eigene Sache mit den Begriffen bei Hebbel. Kaum einen zentralen Terminus definierte er endgültig. Immer wieder werden verschiedene Aspekte beleuchtet, niemals wird ein Begriff logisch deduziert. Hebbel war alles andere als ein systematisch-analytischer Denker. Seine Gedanken – das beweist das Tagebuch zur Genüge – schossen wie Blitze aus ihm hervor und wurden nicht zu einem System geordnet. Besonders anschaulich zeigt den begrifflichen Mangel das Wort Idee; kaum ein anderes benutzte Hebbel häufiger, kaum eines blieb schillernder. Idee kann bedeuten: Leitmotiv, Einfall, Bild, Grundgedanke, Wert. Der Dichter vertrat die Überzeugung, daß kein Drama ohne Idee möglich sei.

Etwas besser steht es mit der Versöhnung. Von Anfang an kannte er diesen Begriff nicht; auf ihn trifft also die Aussage über die Ideen, die er bereits aus Wesselburen mitbrachte, nicht zu. Erst 1842, offenbar durch Rezensionen auf das Problem aufmerksam gemacht, begann Hebbel darüber nachzudenken. Er entschied sich eindeutig: *Es gibt keine Versöhnung.*[209] In den Diskussionen mit Oehlenschläger in Kopenhagen taucht der Begriff wieder auf, denn *Oehlenschläger will Versöhnung, die will ich auch; aber ich will nur die Versöhnung der Idee, er will die Versöhnung des Individuums*[210].

Das ist nun Hebbels Meinung nach ganz unmöglich. Der Einzelne, der Held, muß sich der Gesamtheit unterordnen. Allein in ihrem Interesse kann die Versöhnung erfolgen, und zwar nur *durch den Untergang ... des Individuums*[211]. Weil dieses aber eine Idee verkörpert, liegt darin die *Satisfaktion ... der Idee.* Das bedeutet etwas anderes als Ausgleich der Dissonanzen; es ging Hebbel nicht darum, daß die Bösen vernichtet werden und die Guten überleben; er wollte kein Happy-End.

Tragische Versöhnung läßt sich in der Erscheinung nicht verwirklichen. Davon ging der Dichter aus. Deshalb muß das Individuum, gerade weil in ihm eine Idee erscheint, untergehen, damit *die Idee wieder von ihrer mangelhaften Form befreit*[212] wird. Es sei unmöglich, gleichzeitig den Helden und die sittliche Idee zu retten. Diese existiert durchaus weiter, wenn die Person, die sie repräsentierte, vernichtet wird. Sie kann jederzeit wieder in einer neuen Erscheinung zurückkehren; wann das geschieht, bleibt jedoch unbestimmt. Die Versöhnung jedenfalls führt nach Hebbels Ansicht *immer über den Kreis des speziellen Dramas hinaus*[213].

Hier verknüpft sich die Versöhnungstheorie mit einem zweiten Grundgedanken, der ebenfalls erst nach 1846 stärker hervortrat, dem Glauben an die Zukunft. Schon 1841 schrieb Hebbel in dem Gedicht *Der Mensch und die Geschichte*:

> *Die Weltgeschichte sucht aus spröden Stoffen*
> *Ein reines Bild der Menschheit zu gestalten ...*
> *Die endliche Vollendung ist zu hoffen,*
> *Denn diese Künstlerin wird nie erkalten,*
> *Auch sehen wir, wenn sich die Nebel spalten,*
> *Schon manchen Zug des Bildes tief getroffen.*[214]

1849. Miniatur von Marguerite Stephanie Goblin

Diese Verse drücken Hebbels Überzeugung aus, *daß die Welt einmal eine Form erlangen wird, die dem entspricht, was die edelsten des Geschlechts denken und fühlen* [215].

Zu Goethes hundertjähriger Geburtstagsfeier schrieb er einen *Prolog*, der am 11. September 1849 in Wien gesprochen wurde. Auch in diesem Gedicht malte er die Zukunft in leuchtenden Farben:

*Und kommt die Zeit – sie kommt gewiß! – wo jedes Volkes Tempel
Zerfällt, weil jedes sich gefugt der Menschheit reinstem Stempel;
Wo man den Wunderhort der Welt noch einmal wieder sichtet
Und nun, im allergrößten Stil, den letzten Bau errichtet:*

Dann wird des Tabernakels Stolz des Altars Sockel zieren
Und in des Bodens Mosaik sich manche Perl' verlieren;
Dann wird die bloße Mauer schon in purem Golde glänzen,
Und jedes Tor ein Kapitäl von Edelsteinen kränzen...[216]

Friedrich Hebbels Hoffnung gehörte der Zukunft aus einem ganz bestimmten Grund. Nur in ihr konnten die Ideen, wenn sie von den untergehenden Individuen befreit waren, wieder erscheinen. Eine neue Welt würde es nur geben, wenn die Ideen sich behaupten, die sie verkörpernden Personen nicht mehr vernichtet, sondern in gewandelten Verhältnissen weiterleben würden.

Daß dieser theoretische Zukunftsentwurf durchaus dichterische Realität besitzt, zeigen die Aktschlüsse aller späten Dramen. Sie enden nicht mehr mit Hoffnungslosigkeit, mit Tod oder einem Leben über dem Abgrund. Alle lenken den Blick über das letzte Bild hinaus: In *Herodes und Mariamne* erscheint eine neue, christlich bestimmte Zeit am Horizont; in der *Agnes Bernauer* verheißen Albrecht, im *Gyges* dieser selbst eine neue Epoche; in den *Nibelungen* übernimmt Dietrich von Bern die Herrschaft *im Namen dessen, der am Kreuz erblich.*

Der Gedanke an die Zukunft bestimmte auch Friedrich Hebbels Verhältnis zur Geschichte. Fast ausschließlich wählte er für seine späten Dramen historische Stoffe. Obwohl er sich sein Leben lang mit Geschichte beschäftigte, hinterließ er keine Geschichtsphilosophie. Es fällt sogar schwer, von einer zusammenhängenden Theorie zu sprechen. Die zahlreichen Äußerungen stehen isoliert nebeneinander, weit davon entfernt, ein System zu bilden.

Nach Hebbels eigenen Worten entzündete sich sein Talent an der Geschichte. Von allen bürgerlichen Berufen konnte er sich nur den eines Professors für Geschichte vorstellen. Sein Interesse war so lebhaft, daß er sich aus zahlreichen historischen Büchern Auszüge machte. Er schrieb selber zwei historische Arbeiten – über die Jungfrau von Orléans und den Dreißigjährigen Krieg –, keine fundierten Werke, sondern des Honorars wegen. Beide erschienen pseudonym in einer populären Reihe in Hamburg. Daß er damit bei der historischen Zunft wenig Ehre einlegte, bedeutete ihm nichts. Später studierte er den Stoff, den er bearbeiten wollte, und befragte bei jedem Drama die Quellen sehr gründlich.

Doch eine tiefe Skepsis gegenüber der Geschichte blieb Hebbel zeitlebens eigen. Er befürchtete, die Vergangenheit könne die Gegenwart überwältigen und den Weg in die Zukunft versperren. Der historische Prozeß wurde nach seiner Ansicht von großen Individuen getragen; darin stimmte er mit seinem Zeitgenossen Jacob Burckhardt überein. Dem genialen Einzelnen stand die empfindungslose Masse gegenüber – Stoff der Geschichte, nicht ihr Akteur.

Den Dichter zogen ganz besonders die Einschnitte zwischen den Epochen an, die Zeit des Umbruchs. An diesen Übergängen trat nach Hebbels Meinung *das Ethische*[217] deutlich hervor, gleich nach dem

Wechsel wurde es wieder *entstellt.* Die Geschichte formte sich *in allen großen Krisen zur Tragödie.* Insofern vertrat Hebbel die Ansicht, daß dem Drama und der Historie dasselbe Gesetz zugrunde liege.

Für den Dichter erwuchs daraus eine Konsequenz: er ließ alle Werke in einer Umbruchszeit spielen. Noch aus einem anderen Grund galt ihr sein Interesse. In einem solchen Augenblick war die Geschichte offen, lag die Zukunft beeinflußbar und gestaltungsfähig vor ihm – genau wie in seiner Gegenwart: Friedrich Hebbel war zutiefst überzeugt, selbst in einer Epoche des Übergangs zu leben.

Über das Verhältnis von Drama und Geschichte äußerte sich vor allem der junge Hebbel, besonders in seinen theoretischen Aufsätzen. Was für die Historie gilt, trifft auch hier zu: eine Ästhetik gibt es nicht. Wieder lassen sich nur einige Grundansichten aus den zahlreichen Äußerungen herausfinden, die sich durch das gesamte Schaffen hindurchziehen und ihren Niederschlag auch in den Dramen fanden.

Danach verfolgen Historiker und Dichter verschiedene Zwecke am selben Objekt. Jenem geht es stets um das Individuelle, dieser richtet den Blick nur auf das Allgemeine, das hinter der einzelnen Erscheinung steht. Die Historie liefert dem Dichter lediglich den Rahmen, in dem er sein eigenes Bild gestaltet: *Die Geschichte ist für den Dichter ein Vehikel zur Verkörperung seiner Anschauungen und Ideen, nicht aber ist umgekehrt der Dichter der Auferstehungsengel der Geschichte.*[218]

Der symbolische Wert eines Dramas beruht darin, daß es eine Idee veranschaulicht, einen Wert, der in einer Epochenscheide hervortritt. Dabei kommt es durchaus nicht auf historische Treue an. Was seine Figuren nicht mitbringen, muß der Dichter ihnen leihen. Äußerst genau soll er jedoch die Zustände schildern – den Boden, aus dem die Personen hervorgehen. Darin bestand Hebbels Hauptforderung, die er in all seinen historischen Dramen verwirklichte.

Im Grunde verfolgte Friedrich Hebbel auch nach 1846, was er in früheren Jahren als sein Programm formuliert hatte: seiner Zeit den Spiegel vorhalten und am Bau einer neuen Welt mitarbeiten. Das Ziel blieb dasselbe, die Mittel änderten sich. Statt den Schatten malte der Dichter jetzt das Licht. Er sah nicht mehr seine Aufgabe darin, die zerrissene Welt auf negativem Grund abzuzeichnen, um die Übel zu beseitigen, indem er sie sichtbar machte. Das Gefängnis vertauschte er mit einer lichten Halle, in der er Figuren errichtete, die zeitlose Werte verkörpern: Treue, Hoffnung, Vertrauen, Güte, Hilfsbereitschaft und immer wieder die Liebe. Es ging ihm um ethische Leitbilder, mit denen er seiner Gegenwart, in seinen Augen ja gleichfalls eine Zeit des Umbruchs, eine neue Richtung in die Zukunft geben wollte:

Mehr wie irgendeiner habe ich vielleicht für das Grundfundament der menschlichen Gesellschaft, das in unseren Tagen auf allen Seiten bedroht ist, gekämpft ... Ich mußte mich daher mit den politischen und sozialen Fiebern, die jetzt grassieren, b e f a s s e n ... und wenn man übersah, daß dies nur geschah, um sie zu heilen, so konnte man mir mit leichter Mühe Vorliebe und Sympathie für das andichten, was ich verabscheute ... Aber der Sinn und der Geist, aus dem sie hervorgingen (die Dramen *Herodes und Mariamne, Michel Angelo, Agnes Bernauer, Gyges und sein Ring*) *sind in einer Zeit, die alles auf den Kopf stellen und die Welt neu erschaffen möchte, doch gewiß nicht zu verachten ...*[219]

Die Aufgabe, die er sich stellte, verglich er mit dem Anliegen Immanuel Kants: *Denn wie Kant das menschliche Denken in seine Grenzen einzuschließen suchte, so war es in einem ganz anderen Gebiet mein Bestreben, einen festen Kreis um die ganze menschliche Natur zu ziehen, ihr nichts zu erlassen, was sie bei Anspannung aller ihrer Kräfte zu leisten vermag, aber auch nichts von ihr zu fordern, was über diese hinausgeht.*[220]

Friedrich Hebbels späte Dramen wurden im ganzen zwar etwas freundlicher aufgenommen als die frühen, der Erfolg auf dem Theater blieb dem Dichter aber auch mit diesen Werken – abgesehen von den Uraufführungen der *Agnes Bernauer* und der *Nibelungen* – versagt. Seine Botschaft verhallte ungehört. Hebbel wollte die Welt mit einem neuen Dach versehen. Doch die Welt wies es zurück. Darüber machte er sich keine Illusionen:

Selbstkritik meiner Dramen

Zu moralisch sind sie! Für ihre sittliche Strenge
Steh'n wir dem Paradies leider schon lange zu fern,
Und dem jüngsten Gericht mit seinen verzehrenden Flammen
Noch nicht nahe genug. Reuig bekenn' ich euch dies.[221]

1848 – «Herodes und Mariamne» – «Der Rubin» – «Michel Angelo»

Was Friedrich Hebbel theoretisch formulierte und dichterisch gestaltete, versuchte er auch praktisch zu verwirklichen. Als die Februar-Revolution von 1848 im März die politischen Zustände in Deutschland und Österreich veränderte, kam für ihn die Stunde der Bewährung. Jetzt konnte er den Umbruch mit Händen greifen.

Vom ersten Tag an nahm Hebbel regen Anteil an dem Geschehen. Grillparzer flüchtete in den kleinen Ort Baden bei Wien und empörte sich über die Revolution in zornigen Epigrammen, die er im Schreibtisch verwahrte. Hebbel begrüßte die Ereignisse freudig: das sei das Urteil über das falsche System des Louis-Philippe, ein Gewitter, das alle schädlichen Auswüchse hinwegspülen und die Atmosphäre reinigen werde. Für Deutschland müßte die Revolution weitreichende Folgen haben. Freilich dürfe der Kommunismus sich ihrer nicht bemächtigen. Bei Hebbel mischte sich von Anfang an die Hoffnung auf liberalen Fortschritt mit der Furcht vor radikalem Chaos. Das müßte verhindert werden; auch deshalb engagierte sich der Dichter.

Sein eigentliches Geschäft stellte er zurück und trat als politischer Journalist in die Arena. Er zögerte keinen Augenblick, sich *in unserer großen politischen Krise* [222] so zu entscheiden, *weil sich bei einer um sich greifenden verderblichen Feuersbrunst kein Ehrenmann erst fragt, ob er Spritzenmeister ist.* Auf das unmittelbare Löschen des Brandes verstand er sich jedoch nicht; er wählte seine Position so, daß er alles überschauen und es seinen Mitbürgern erklären konnte. So sah er seine Aufgabe:

Mitten im Strom der Ereignisse zu schwimmen und, unbestochen durch persönliche Sympathien und Antipathien ... sowohl den Prozeß selbst wie seinen einzelnen Faktoren, gerecht zu werden, ohne sich darum in jene vornehme Gleichgültigkeit zu verlieren, welche der Geschichtsbewegung aus der Vogelperspektive ungefähr so zusieht wie einem interessanten Stiergefecht. [223]

Das konnte gefährlich werden, mitten im Strom. Für Hebbel blieb die Gefahr eine Drohung. Anonyme Briefe gingen bei ihm ein, erreichten aber nur das Gegenteil ihres Zwecks. Der Dichter verschob eine Reise mit seiner Familie, blieb in Wien und beobachtete weiter. Er berichtet sogar, daß man auf ihn geschossen habe, daß die Kugel hart an seinem Ohr vorbeigeflogen sei. Hebbel erlebte, wie der erste Mensch in Wien getötet wurde. Am 13. März traf ein Bekannter ihn mit hochrotem Gesicht in der Herrengasse; er hatte seinen Handschuh in das Blut eines Opfers getaucht und rief: «Mit solchem Naß begießt man den Baum der Freiheit.» [224]

Friedrich Hebbel wandte sich an Persönlichkeiten des öffentlichen Lebens, zum Beispiel an den Literarhistoriker Georg Gervinus, und forderte sie auf, zusammenzustehen und Einfluß auf das Geschehen zu nehmen. Er beabsichtigte, ein politisches Drama über die Zeit zu schreiben, *Ein Todesurteil*, führte den Plan dann aber ganz anders aus: Statt des in den bewegten Märztagen, die die Flucht des Fürsten Metternich erzwangen, konzipierten Revolutionsstücks entstand später das Staatsdrama *Agnes Bernauer.*

Von März bis Dezember 1848 schrieb Hebbel 27 Artikel über das revolutionäre Geschehen in Wien für die «Augsburger Allgemeine Zeitung». Er stellte dar und kommentierte, folgte den Ereignissen aus nächster Nähe, berichtete aber nur, was er verbürgen konnte. Wahrhaftigkeit hieß sein oberstes Prinzip, auch als er die Feder des Dichters mit der des Journalisten vertauschte. Hebbel nahm seine neue Aufgabe sehr ernst. Er wollte seine Leser umfassend informieren, ihnen aber auch Kategorien vermitteln, nach denen sie die Ereignisse ordnen konnten.

Weil es in Wien kein unabhängiges kritisches Blatt gab, spielte er mit dem Gedanken, selbst eines unter dem Titel «Die Reform» herauszugeben. In welchem politischen Lager es Stellung bezogen hätte, bleibt ungewiß, weil das Projekt scheiterte. Auch zwei weitere journalistische Pläne verliefen im Sand. Hebbel sollte die «Konstitutionel-le Donauzeitung» leiten und hatte schon zugestimmt, als ruchbar wurde, daß der Verleger hinter seinem Rücken mit dem Innenministerium verhandelte und die Behörde bereit war, jedes Defizit zu decken. Ein Intermezzo von wenigen Wochen wurde seine Tätigkeit bei der «Österreichischen Reichszeitung». Er trat als Feuilletonchef ein, verließ die Redaktion aber sehr bald wieder, als ihm klar wurde, daß er auch dort sein Ziel, ein kritisches Forum zu schaffen, nicht verwirklichen konnte.

Nach seiner Ansicht hätte er Dramaturg an der Burg werden können. Er lehnte jedoch ab, richtete aber einige Stücke ein, darunter «Julius Caesar» von Shakespeare. *Um die Wiener einen vollständigen politischen Kurs durchmachen zu lassen* [225], plante er anschließend «Coriolan», «Richard III.» und «Antonius und Cleopatra».

Bei den Wahlen zum Österreichischen Reichstag und zur Nationalversammlung in der Paulskirche stand Friedrich Hebbel in der vordersten Front. Da er als Dithmarscher in Wien ein Ausländer war, konnte er sich nicht für den Reichstag aufstellen lassen. Hebbel bedauerte das und betätigte sich bei der allgemeinen Vorbereitung. Als dann das deutsche Parlament gewählt wurde, kandidierte er sofort in der Leopoldstadt – und fiel durch. Er hielt eine Wahlrede, und als er die Tribüne verließ, rührte sich keine Hand: die Wiener hatten den Dialekt des Norddeutschen nicht verstanden.

Dennoch bot sich eine Gelegenheit, der Sache, an die er glaubte, zu dienen. Kaiser Ferdinand I. hatte sich mit einem Teil des Hofes, darunter den Erzherzögen Franz Karl und Johann, von Wien abgesetzt und hinter den Bergen in Innsbruck Zuflucht vor der Revolution gesucht. Seine Feinde frohlockten, sie werteten das als einen Erfolg. Seine Freunde reagierten empört, sie erblickten darin ein Werk der reaktionären Kamarilla und vermuteten völlig zu Recht, daß die Flucht dem Ansehen des Kaisers schaden mußte.

Nicht anders sah es der Schriftstellerverein, eine Korporation, in der sich nach Hebbels Urteil die Wiener Intelligenz traf. Am 22. Mai 1848 fanden sich die Mitglieder im Hotel zur Kaiserin von Österreich ein. Thema des Abends: der Kaiser müsse wiederkommen, sonst werde das Heil der Monarchie aufs Spiel gesetzt. Man beschloß, eine Deputation nach Innsbruck zu senden, die in *Liebe und Treue mit der Bitte, daß unser gütigster Kaiser nach Wien zurückkehre* [226], dem Monarchen die Sorgen seiner Untertanen vortragen sollte. Friedrich Hebbel wurde als Abgesandter gewählt. Am 26. Mai brach er mit drei Kollegen auf, am 7. Juni endete die Mission – erfolglos.

In dem Gespräch mit dem Kaiser führte er, wie er seiner Frau nach Wien berichtete, das Wort. Ferdinand I. stimmte dem Begehren zu, behielt sich aber vor, den Termin seiner Rückkehr selbst festzusetzen. Ruhe und Ordnung müßten wiederhergestellt sein, vorher könne er nicht wagen, wieder in der Mitte seines Volkes zu leben. Erst im August kam der Hof nach Wien zurück.

Hebbel stand innerlich hinter der Fahrt nach Innsbruck, er war ein

Königstreuer. Einen deutsch-österreichischen Bundesstaat in der Form einer konstitutionellen Monarchie hielt er für die einzige Lösung. Die Reaktion lehnte er ebenso ab wie die radikale Demokratie. Sie versetzte ihn in Schrecken. *Der Kommunismus, die wahnsinnige Ausgeburt fanatischer Köpfe, in denen die großen Ideen unserer Zeit nur halb reif wurden* [227], bedeute Chaos; darüber gab es für Hebbel nur eine Meinung. Den revolutionären Führern traute er nicht bis zum nächsten Morgen. Auch die Radikalität in der Presse lehnte er uneingeschränkt ab.

Das Gebäude des Staates durfte nicht einfach von verantwortungslosen Schwärmern eingerissen werden, dazu war es zu alt und gründete sich auf zu viel Erfahrung. Die Rückkehr in den überkommenen Bau befürwortete Hebbel ebensowenig. Daß der Absolutismus, wie er meinte, beseitigt sei, wertete er als einen großen Gewinn. Doch die Revolution habe zu viel erreichen wollen, mehr als ihr möglich war; daran sei sie gescheitert.

Ihren beiden wichtigsten Erfolgen, dem Pressegesetz und der Verfassung, stimmte Hebbel nur bedingt zu. In dem neuen Gesetz über die Freiheit der Presse mit seinen 88 Paragraphen sah er nicht mehr als den provisorischen Beginn eines konstitutionellen Weges. Unerträglich fand er, daß der Wortlaut nur österreichischen Fachjuristen verständlich sei, daß pauschale Urteile ein Blatt ganz verbieten und nicht nur einzelne Nummern beschlagnahmt werden konnten. Als einen Vorläufer für ein allgemeines deutsches Pressegesetz gab Hebbel ihm keine Chance; dafür sei es zu reaktionär und schränke die notwendige Freiheit zu stark ein.

Günstiger urteilte der Dichter über die Verfassung vom 25. April 1849, die die Zensuswahl und ein Zweikammernsystem einführte. Sie konnte als Ausgangspunkt dienen, weil sie im Vergleich zu den Konstitutionen Metternichschen Geistes als liberal bezeichnet werden mußte. Er begrüßte sie als Optimum des Erreichbaren.

Friedrich Hebbel fühlte gesamtdeutsch, ohne sich auf eine parteipolitische Linie festzulegen. Sein Standpunkt erschien den Wienern jedoch so unklar, daß die Radikalen ihn in ihren Reihen wähnten, die Konservativen in ihm aber ebenfalls einen Mitstreiter sahen. In Wirklichkeit stand er zwischen den Fronten und richtete seinen Blick auf eine großdeutsche konstitutionelle Monarchie ohne

Liste der Kandidaten für die Nationalversammlung in Frankfurt a. M.

Einschluß der östlichen Provinzen Österreichs. Das bedeutete das Ende der Doppelmonarchie, nach Hebbel aber auch den Beginn eines neuen großen deutschsprachigen Gesamtstaates.

Als der österreichische Erzherzog Johann, den Hebbel seit seiner Reise nach Innsbruck persönlich kannte, von den Deputierten der Paulskirche das Amt des Reichsverwesers annahm, schrieb Hebbel gerade einen Korrespondentenbericht für die Zeitung: *Mich unterbricht ein Kanonenschuß. Noch einer! Das bedeutet, die Frankfurter Deputation war beim Erzherzog Johann, und er hat angenommen. Weiche, Erinnerung an die Misere! Hundert Schüsse! Glockengeläut von allen Türmen! Einer der größten Tage in der Geschichte Deutschlands! Vergiß das nicht, Erzherzog Johann! Nicht hoch genug kannst Du in dieser Zeit des allgemeinen Mißtrauens ein Vertrauen anschlagen, das Deutschlands Schicksal in Deine Hände legt!* [228]

Das Schicksal Deutschlands bildete den Richtpunkt für Hebbels Tun während der ganzen Revolution. Von Anfang an war er dabei, weil er das Politische als einen Bereich des Humanen betrachtete. Die reaktionäre Staatsvergötterung, getragen von der Hegelschen Rechten, wies er ebenso nachdrücklich zurück, wie er den linkshegelschen Umstürzlern entgegentrat. *Ich stand eigentlich allein* [229], bekannte er Bamberg. Weil kein Parteiprogramm sich mit seinen Vorstellungen deckte, trat er keiner politischen Partei bei. Er hatte sein eigenes Programm: *Wer es mit der Dynastie und dem Volk wohl meint, der ruft: das Gute der alten und das Vernünftige der neuen Zeit! Nur so kommt ein Staatsbau zustande, dessen Dauer nicht vom Zufall abhängt.* [230]

Lifte der Candidaten

für die

zur deutschen National-Versammlung in Frankfurt am Main.

r Rechte.	22. Herr Carl Schindler, k. k. Hofsecretär
Doctor der Rechte.	23. „ Franz Richter, Hof- und Gerichtsadvocat.
Rechte.	24. „ Friedrich Hebbel, Doctor der Philosophie.
chmidt, Schriftsteller.	25. „ Friedrich Freih. v. Haan, k. k. Gubernialrath
k. Hofconcipist.	26. „ J. W. Andrian, Gutsbesitzer.
Hofconcipist.	27. „ Joseph v. Würth, Rathsprotokollist der obersten Justizstelle.
Gerichtsadvocat.	28. Carl Lubenik, Doctor der Rechte.

Noch zog die Revolution durch die Straßen Wiens, da teilte Hebbel seine Aufmerksamkeit schon wieder zwischen ihr und seinem eigentlichen Beruf. Im Dezember 1846 hatte er bereits den Plan gefaßt, die Geschichte von Herodes und Mariamne zu dramatisieren. Am 23. Februar 1847 begann er. Auf der Straße entstanden die Hauptszenen im Herbst 1848 während der Kanonade der Burg, in deren Nähe er wohnte: *Es war ein einfaches Mittel meiner Natur, sich vom Druck des Elements zu befreien, und ich muß es für ein Glück halten, daß ich an diesem Werk, in dem ich das, was meine Vorgänger im deutschen Drama ihr Meisterstück zu nennen pflegten, geliefert zu haben hoffe, noch etwas zu tun hatte. Nun wurde ich des Ekels Herr.*[231]

Den Stoff fand er im Werk des jüdischen Historikers Flavius Josephus (37–100 n. Chr.), und zwar in dessen beiden Büchern «Bellum Judaeorum» und «Antiquitates Judaeorum». Beide Schriften lagen in verschiedenen Übersetzungen vor. Die «Altertümer» erzählen ausführlicher und schildern einige Züge, die im «Jüdischen Krieg» fehlen, der stärker zusammengefaßt und Akzente setzt.

Nur schwer konnte der Dichter sich entschließen, das Thema zu behandeln. Hebbel glaubte, daß er zu wenig vorfände, zu wenig zu tun habe. Der Stoff schreckte ihn anfangs zurück: *Er schien mir schon zu vollendet, zu abgerundet in sich, um dem Künstler auch nur noch so viel Arbeit zu geben als nötig ist, wenn er sich begeistern soll, er schien mir geradezu eine derjenigen Tragödien zu sein, wie sie, obwohl sparsam, in vollendeter Gestalt ohne Beihilfe des Dichters der historische Geist selbst hervorbringt.*[232]

Als Hebbel sich jedoch näher ansah, was Flavius Josephus überlieferte, entdeckte er *unglaubliche* Dinge. Als unmöglich empfand es der Dramatiker, daß Herodes seiner Frau den ersten Ehebruch verzeiht und sie erst wegen des zweiten hinrichten läßt. Auch die Motivierung des Vizeregenten Joseph, der Mariamne den Mordbefehl als Beweis für die Liebe des Königs hinstellt, wollte Hebbel nicht gelten lassen. Wenn Herodes einem solchen Menschen diesen entscheidenden Auftrag übergebe, müsse er *ein noch größerer Narr*[233] sein als der Untergebene. Der Dichter merkte, daß er trotz des *phantastischen Stoffes* hier seine ganze Kraft brauchen würde, um *dies verrückte Motiv . . . in Vernunft umzusetzen.*

Hebbel versuchte sich nicht als erster an dem Thema. Hans Sachs schrieb bereits 1552 eine «Tragoedia, mit 15 Personen zu agiren der wütrich könig Herodes, wie der sein sön und sein gemahl umbbracht, und hat 5 actus». Auch Calderón de la Barcas Stück, «Eifersucht das größte Scheusal», lag vor, 1818 ins Deutsche übersetzt, und ebenso Voltaires Trauerspiel «Mariamne», das 1740 in Deutsch erschien. Der Barock-Dramatiker Johann Christian Hallmann steuerte «Die Beleidigte Liebe oder Die großmuetige Mariamne» bei, 1672 in seinen «Trauer- Freuden- und Schaeffer-Spielen» in Breslau gedruckt.

Diesen Vorgängern verdankt Hebbel nichts; es ist ungewiß, ob er überhaupt von ihnen wußte. Anders steht es mit dem zweiteiligen Drama von Friedrich Rückert «Herodes der Große», 1844. Mit Sicherheit kannte Hebbel dies Werk, und zweifelsfrei verdankt er ihm einige wichtige Züge. Rückert veränderte das Verhältnis Herodes–Mariamne: Bei Flavius Josephus haßt die Königin den Monarchen, bei Rückert liebt sie ihn; außerdem unterscheidet Mariamne zwischen dem Regenten und dem Ehemann; nur dadurch kann sie ihre Liebe erhalten. Den Pharisäer verwandelte Rückert in einen Gegner des Königs – bei Josephus ist er sein Anhänger –, führte als erster die Szene mit den drei Königen ein und ließ einen blinden Verschwörer auftreten. Das alles sind Parallelen zwischen Rückerts und Hebbels Werk, die nicht in der Quelle stehen.

Im Januar 1849 besprach Hebbel im «Abendblatt» die 1623 von Philip Massinger geschriebene Tragödie «The Duke of Milan», die der Vizedirektor der Burg J. L. Deinhardstein übersetzte und bearbeitete. In der Rezension formulierte Hebbel seine Ansicht über den Gang der Handlung in seinem Werk: *Um den Thron zu retten, muß Herodes den Aristobolus töten; dieser Mord straft sich augenblicklich, denn er gerät durch ihn in die noch größere Gefahr, Leben und Reich miteinander einzubüßen; Antonius zieht ihn zur Rechenschaft. Das Bewußtsein, an Mariamne, die doch immer die Schwester ihres Bruders blieb, furchtbar gefrevelt zu haben, erschüttert in ihm das Vertrauen auf sie ... und er liebt sein Weib darum so grenzenlos, weil er so gänzlich allein steht. Aus einer solchen Situation ergibt sich das Fieberhafte seiner Leidenschaft, das Ungeheure seiner Entschlüsse fast von selbst.*[234]

Der Historiker schildert Herodes als einen Mann der Tat. Der König beschirmte sein Land und beschützte das Eigentum seiner Untertanen. Er vermehrte sein Reich durch Binnenkolonisation, legte Häfen an und errichtete Prachtbauten zu Ehren der römischen Kaiser. Nur an einer Stelle war der Monarch, im übrigen ein tapferer Krieger und mutiger Kämpfer, gewandter Reiter und geschickter Jäger, verwundbar: seine Gemahlin Mariamne, die er über alles liebte, haßte ihn.

Bei Hebbel ist er der

> ... *Mann der Fabel, den der Löwe vorn,*
> *Der Tiger hinten packte, dem die Geier*
> *Mit Schnäbeln und mit Klau'n von oben drohten,*
> *Und der auf einem Schlangenklumpen stand* (Vers 255 f).

Ein *Dämon* (V. 1829) beherrscht den König, die Eifersucht. Der Mord an Aristobul, dem Bruder der Königin, stellt ihn in einen Teufelskreis, sein einziger Halt in der Welt des Hasses, der Verleumdung, der Anschläge und des Aufruhrs ist seine Liebe zu Mariamne.

Diese veränderte Hebbel noch nachdrücklicher als den König. Josephus beschreibt sie als ein zanksüchtiges Weib, dessen Stolz sich mit Arroganz paart. Überlegen setzt sie ihre Waffe, ihre ungewöhnliche Schönheit, gegen den Gatten ein, kalt und berechnend: Mariamne haßt und verachtet Herodes.

Kostümentwurf für Christine Hebbel als «Mariamne» von Franceschini Gicolomo

In Hebbels Drama ist sie ganz Liebe. Sie besitzt noch *Hoffnung und Vertrau'n* (V. 482), die ihr Mann verlor. Ihre Mutter stachelt sie gegen den Herrscher auf, ihre Schwägerin schmäht sie, Herodes ließ ihren Bruder töten, und sie weiß, daß er auch sie unter sein Schwert stellte – dennoch bleibt sie bereit, ihm in den Tod zu folgen: *Vermag ein Mensch denn mehr?* (V. 1903).

Mariamne achtet die Existenz des anderen und verlangt auch für sich, daß der König sie als Individuum mit dem Recht auf ein eigenes Leben achte. Erst als Herodes ihr mit dem zweiten Mordbefehl dieses elementare Menschenrecht verweigert, wird ihr Leben sinnlos.

Welchen Wert Hebbel auf diesen Gedanken der Unverletzlichkeit des Individuums legte, zeigt auch die Gestalt des Galiläers Soemus. Im Bericht des Historikers ein gerissener Egoist und verschlagener Trottel, stellte Hebbel ihn dem Monarchen ebenbürtig an die Seite. Soemus ist eine unabhängige, freie Persönlichkeit, die Herodes wie seine Gemahlin als ein *Werkzeug* (V. 2235) verwendet. Mariamne spricht es aus:

> *Du stehst zu ihm, wie ich,*
> *Du bist, wie ich, in Deinem Heiligsten*
> *Gekränkt, wie ich zum Ding herabgesetzt!*
> *Er ist ein Freund, wie er ein Gatte ist* (V. 2201 f).

Der Mißbrauch, den Herodes mit den Menschen als manipulierbare Wesen treibt, unterscheidet sich jedoch von der totalen Versklavung in der vorangegangenen Zeit des Satrapen. Am Hof dieses Despoten übernimmt der Mensch die Funktion einer Uhr; der Puls, Sitz des Lebens, wird zum mechanischen Zeitmesser. Doch Artaxerxes empfindet diese Entwürdigung nicht, weil er nicht weiß, was ein Mensch ist. Diese Epoche hat Hebbel selbständig in den Stoff eingefügt, die Vorlage kennt diese Szenen nicht.

Der Dichter verfolgte einen ganz bestimmten Zweck damit. Wie

Kostümentwurf für Ludwig Löwe als «Herodes» von Franceschini Gicolomo

die Zeit des Satrapen zu der des Herodes, so verhält sich diese zu der am Horizont auftauchenden Zukunft. Die von dem jüdischen König entrechteten Personen wissen um ihren Wert und lehnen sich gegen ihre Verdinglichung auf, in der Artaxerxes noch sein Heil findet. Aber in dem politischen Klima des Königshofes können Mariamne und Soemus sich nicht behaupten. Verschwörung und politischer Mord beherrschen diese *Hölle* (V. 3005). Haß, Eifersucht, Mißtrauen zerstören Freundschaft, Liebe, Freiheit und Gleichheit. Mariamne und Soemus verkörpern diese Ideale, aber sie gehen zugrunde. Doch es bleibt die Hoffnung, daß eine Zeit kommen wird, in der das Erstrebte die Grundlage des Lebens bildet.

In seiner Rezension warf Hebbel dem englischen Drama vor, ohne diesen Ausblick in die Zukunft zu schließen: *Wo bleibt die untergehende, ihrem Schicksal noch im Erliegen trotzende und krampfhaft zuckende alte Welt, wo die in rührender Hilflosigkeit aufsteigende, noch marklose und ungestaltete neue! Dieser Geschichtsmoment gehört aber mit ebenso großer Notwendigkeit zu diesem Bilde wie Syriens Sonne zu Syriens Palmen; er war gar nicht zu entbehren, und das Stück gleicht jetzt einem fremdartig und traurig dastehenden asiatischen Gewächs unter europäischem Himmel. Es ist dadurch nicht bloß farblos geworden, es hat seine Seele selbst eingebüßt.*[235]

Die neue Zeit sah Hebbel nicht im Christentum, obwohl er den zeitlichen Ablauf der Geschichte in diesem Punkt am stärksten veränderte und die Geburt von Bethlehem, 29 Jahre nach Mariamnes Tod, als Schluß seines Dramas wählte. Seine Ablehnung dieser Religion reicht jedoch von der frühen Aussage: *Ich hasse und verabscheue das Christentum*[236] (1837) bis zu dem späten Urteil: *Das Christentum ist mir, was es war, eine Mythologie neben anderen, und wie ich jetzt, nach abermaliger jahrelanger Beschäftigung mit den Akten, leider hinzufügen muß, nicht einmal die tiefste*[237] (1862). Nur eines ließ er gelten: *den sittlichen Kern*[238].

Die im Drama dargestellten ethischen Werte sind Hebbels eigene Zutat zum Stoff und gehören zweifellos zum festen Bestand des Christentums, lassen jedoch die dogmatische Seite der Religion unberücksichtigt. Mit diesen Maximen antwortete Hebbel auf das Dilemma seiner Zeit. Ihren aktuellen Bezug erhielt die Tragödie dadurch, daß die Umbruchszeit des Herodes nichts anderes meinte als des Dichters eigene Gegenwart.

Seine Mahnung wurde nicht angenommen. Hebbel hoffte mit seiner *Tragödie der unbedingten Notwendigkeit*[239] das Publikum zu gewinnen. Selten täuschte er sich gründlicher. Mit seiner Frau in der Hauptrolle ging *Herodes und Mariamne* am 19. April 1849 im Hofburgtheater in Szene. Es war kein Erfolg. Hebbel verglich sein Werk mit den Symphonien von Beethoven, mit denen das Drama dasselbe Schicksal, abgelehnt zu werden, teilte. Nur einmal wurde die Aufführung wiederholt. Wie die frühen Werke blieb *Herodes und Mariamne* ein kaum gespieltes Stück.

Enttäuschender noch endete Hebbels nächster Versuch, mit einem Lustspiel die Bühne zu erobern. In München trug er sich 1836 eine Lebensregel in sein Tagebuch: *Wirf weg, damit Du nicht verlierst!*[240], die er in dem folgenden Jahr zu der Novelle *Der Rubin* ausbaute. Die Idee der märchenhaften Erzählung hielt er für eine seiner besten, und auch die Ausführung zählte er zunächst zu seinen gelungensten Arbeiten in Prosa. Als er das Stück aber 1843 in Kopenhagen in Theodor Mundts Zeitschrift «Freihafen», die in Altona erschien, las, mißfiel es ihm völlig. Er bedauerte, daß das Märchen überhaupt gedruckt worden war, denn er wollte es umarbeiten.

An diese Aufgabe machte er sich 1849 in Wien. In wenigen Wochen (1. April bis 19. Mai) entstand das Märchenlustspiel in drei Akten *Der Rubin*. Hebbel übernahm die meisten Personen, konzentrierte die Handlung aber auf einen Ort und einen Tag. Den Mittelpunkt bildete wieder der Edelstein, der jedoch eine andere Funktion erhielt als der Diamant. Auch diesmal dreht sich alles um den Rubin. Aber nicht die Brüchigkeit der Welt zeigt sich durch ihn, sondern der Wert der Menschen. Gleichzeitig verknüpft sich auch das Schicksal der orientalischen Despotie des Kalifen mit dem Stein. Ganz anders als im *Diamant* wird diese fragwürdige Herrschaft durch eine neue ersetzt.

Assad gewinnt Fatime in dem Augenblick, als er sich von dem Stein trennt; dadurch erlangt er ebenfalls die Macht im Staat. Ein Fischersohn besteigt den Thron, aber seine Regentschaft verheißt dem Volk nur Gutes: als erstes läßt er die Kerker seines Reiches öffnen.

Nach der Aufführung des Stückes am 21. November 1849 im Burgtheater meldete Hebbel sich mit einer Selbstkritik in der «Österreichischen Reichszeitung» zu Wort. Unumwunden gab er zu: *Der Rubin ist nicht günstig, sondern mit entschiedener Kälte vom Publikum aufgenommen worden.*[241] Und das, obwohl die Intendanz sich alle Mühe gegeben und für eine *brillante Aufführung* gesorgt hatte. Da Hebbel von der Qualität seines Lustspiels überzeugt war, konnte

der Mißerfolg nur eine Ursache haben: Er lag *in dem Verhältnis,
worin es zum Publikum und zu den Begriffen des Publikums von der
Märchen- und Lustspieldichtung steht.* Das wollte sagen: Die Leute
haben mein Stück nicht verstanden!

Die Kritik sah es anders. Die «Presse» urteilte, daß *Der Rubin,*
falsch angelegt und ausgeführt, ein verunglücktes Werk sei. Den
Vorwurf der Dummheit ließ man schon gar nicht auf sich sitzen. Das
Blatt druckte eines der boshaftesten Gedichte über Hebbel, das je erschien; es machte die Runde durch mehrere Journale:

> Gott Hebbel an das dumme Publikum
> (Nach der Aufführung seines *Rubin*)
> . . .
> Wer spricht noch von Schiller und Goethe?
> Die hat noch der Alte bestellt;
> Ich schaffe, indem ich sie töte,
> Mich selber und meine Welt.
>
> Ich schaffe mein eignes Theater,
> Mein eignes Publikum;
> Das j e t z i g e glaubt an Gott Vater,
> Und ist für mich viel zu dumm.[242]

Daß derartige Angriffe den Dichter nicht unberührt ließen, zeigte
er mit seinem Drama *Michel Angelo* (November bis Dezember 1850).
Er habe sich mit diesem kleinen Werk *manches vom Halse geschafft,
was mich quälte und was ich jetzt los bin*[243], schrieb er an Karl von
Holtei. Das Stück stützt sich nach seinen Worten auf reiche persönliche Erfahrung und behandelt einen Konflikt, den jeder Künstler zu
bestehen habe. Das Werk löse ihn sittlich auf und führe ihn auf eine
höhere Notwendigkeit zurück.

Hebbel wehrte sich jedoch gegen die Interpretation, damit eine Art
Antikritik geliefert zu haben. Es gehe ihm um ein allgemein menschliches Problem, nicht um ein persönliches, und häufig betonte er den
ethischen Kern des Dramas: *Es predigt, was unserer zerfahrenen, sich
selbst zerfressenden Zeit am meisten not tut: Pietät*[244] und *tiefste
Demut*[245]. Im übrigen enthalte das Werk so viel Versöhnung, wie
es überhaupt gewünscht und dargestellt werden könne.

Die Arbeit besänftigte und beschwichtigte den Dichter; mit seinem
Publikum versöhnte sie ihn nicht. *Michel Angelo* wurde erst im April
1861 mehrere Male in Wien aufgeführt und verschwand dann fast
völlig aus dem Repertoire.

Freunde und Feinde – «Agnes Bernauer»

Der Pfeil, den die «Presse» auf Hebbel abschoß, blieb nicht der einzige Angriff. Als *Lion der Saison* hatte vor allem die Jugend den Dichter im Herbst 1845 gefeiert; doch seine Verhandlungen brachten ihm keine konkreten Erfolge, so daß er schon nach vier Wochen weiterreisen wollte. Die Heirat mit Christine Enghaus bedeutete ja auch keineswegs automatisch die Anerkennung als Dichter. Im Gegenteil, die Animosität gegen ihn nahm in den folgenden Jahren zu. Daran war Hebbel durchaus nicht unschuldig, weil er auf Kosten der Wahrheit nun einmal keine Freunde haben mochte. Der Mentalität der Wiener mutete er aber mit seiner rigorosen Aufrichtigkeit zu viel zu.

Friedrich Hebbel fühlt sich bald völlig isoliert und klagte, daß er keinen Einfluß auf die Literatur und das Theater ausüben könne. In den Kollegen sah er keine Weggenossen, die dasselbe Ziel angingen, sondern Gegner, die ihn mit allen Mitteln herabsetzen wollten und seinen Stücken den Weg zur Bühne verlegten. Auch mit Franz Grillparzer ergab sich kein freundschaftliches Verhältnis, obwohl Hebbel von seinem ersten Besuch einen guten Eindruck mitnahm. Grillparzer beurteilte den Jüngeren kritisch: Seine *Judith* sei in der Idee durchaus geistvoll, aber «der Ausführung nach das Fratzenhafteste, was man sich denken kann ... Ja, wenn das Poesie heißt!»[246]

Bekannt wurde auch Grillparzers Vers auf den Norddeutschen, der beginnt: «Herr Alfred Becher und Friedrich Hebbel, / Sie tappen beid' im ästhetischen Nebbel ...» Nach diesen bösen Zeilen konnte es keinen Kontakt zwischen den beiden Männern geben.

Die Revolution veränderte Hebbels Position. Der Umsturz nutzte ihm, obwohl der Dichter ihn bekämpfte. Seine Dramen fanden plötzlich ihr Publikum. Die *Judith* wurde 1849 in Wien achtzehnmal gespielt, allein im Februar siebenmal. Das hatte es noch nicht gegeben: Hebbel – ein Kassenschlager! Aber nicht nur in Wien wurde er gefeiert, auch an anderen Bühnen in Österreich und Deutschland änderte sich das Bild – vorübergehend. Denn die Reaktion nahm dem Dichter zwar die Furcht vor der radikalen Demokratie, sie vertrieb seine Werke aber auch wieder von den Bühnen. *Judith* erschien 1850 noch dreimal, in den beiden folgenden Jahren wurde sie je zweimal aufgeführt, 1853 konnte sich die Intendanz nur noch zu einer Darstellung entschließen.

Friedrich Hebbel hatte seine «Popularität» wieder erreicht. Zu den meisten Journalen fehlte ihm der Kontakt, die Kritiker zählten nicht zu seinen Freunden. Persönliche Verhältnisse, so urteilte er, nicht aber poetische Gründe versperrten seinen Dramen erneut die Bühnen. Das war richtig, zumindest, was Wien und die Burg betraf; denn seit 1850 leitete Hebbels Antipode Heinrich Laube das Theater. Er hatte neun Monate Untersuchungshaft und eineinhalb Jahre Gefängnis hinter sich, eine Strafe für seine jungdeutsche Radikalität.

Sein Vorgänger im Amt, Franz von Holbein, hatte Hebbel begünstigt; damit war es jetzt vorbei. Laube hielt nichts von dem Kollegen

*Franz Grillparzer.
Stich von A. Wegner*

aus dem anderen Lager. Er empfand zwar die dramatische Kraft in Hebbels Werken, spürte auch deren eigenen und eigenwilligen Ton, besaß aber nicht die Größe, seine persönliche Abneigung literarischen Qualitäten unterzuordnen.

Das Verhältnis war von Anfang an schlecht, und bis zum Ende besserte es sich nicht. Es ging nicht nur um den Dichter, sondern auch um seine Frau. Laube versuchte sie mit Nebenrollen abzuspeisen, ein Unterfangen, das Hebbel tiefer kränkte als die Ablehnung seiner Werke, die Laube zurückwies, weil er sie für unaufführbar hielt.

Im Frühjahr 1861 erreichte der Konflikt seinen Höhepunkt. Laube drohte der Künstlerin an, sie wegen ihres Gastspiels in Weimar zu pensionieren und hatte dabei die hohe Direktion auf seiner Seite. Da legte Hebbel seine *seit zehn Jahren eingehaltene Mäßigung* [247] ab und verfaßte ein mehrseitiges Memorial, in dem er sich aufs Schärfste *gegen die methodischen Herabsetzungen* seiner Frau, *die sie in letzter Konsequenz moralisch vernichten müßten,* verwahrte. Er wies Laube nach, daß dieser ihre Beziehung vergifte, und drohte ihm sogar mit dem Staatsanwalt. Der Direktor reagierte gelassen, er reichte das Schreiben der Direktion weiter.

Bei diesem Verhältnis konnte es nicht verwundern, daß Hebbel immer wieder erwog, Wien zu verlassen. Das Leben wurde ihm und seiner Familie verleidet. Er dachte daran, sich in München niederzulassen, und griff vor allem den Plan auf, nach Weimar überzusiedeln. Aber beide Projekte zerschlugen sich.

Zeitweilig verkehrte er nur mit dem jungen Sigmund Engländer, der ihn 1845 mit einem enthusiastischen Artikel im «Morgenblatt» begrüßt hatte. Engländer übte einen gewissen Einfluß auf die Journale in Wien aus und gab selber zwei Blätter heraus. Bedingungslos schloß er sich Hebbel an. Er stammte aus bescheidenen Verhältnissen und ging mit fliegenden Fahnen zur Revolution über. Aber nicht dies allein belastete das Verhältnis.

Hebbel hielt ihn für ein ausgesprochen kritisches Talent und für einen glänzenden Journalisten. Engländer fühlte sich dagegen zum Dichter geboren, verehrte den Älteren als sein Vorbild und wollte

Emil Kuh

ihm nacheifern. Er beging den Fehler, ihm seinen ersten Roman «Der Egoist» vorzulegen; die Rezension des Dichters vernichtete den Kritiker. Hebbel lobte zwar einzelne Elemente, sprach aber schonungslos aus, daß er das Ganze für verfehlt halte. Engländer zog die Konsequenz und gab die Poeterei auf.

Er stürzte sich der Revolution in die Arme; damit ließ sich der Bruch nicht mehr vermeiden. Als die Reaktion in Wien die Oberhand gewann, floh er nach Paris. Hebbel versuchte umsonst, ihn von politischem Radikalismus und Bohème-Leben in Frankreichs Hauptstadt abzuhalten. Später ging Engländer nach London und arbeitete für Reuters Nachrichtenbüro. 1862 besuchte Hebbel ihn, und die Freundschaft wurde erneuert.

Mit Emil Kuh verband den Dichter in Wien ein enges Verhältnis. Kuh war fünfzehn Jahre jünger, hatte Philosophie und Geschichte studiert und dann zunächst als Kaufmann gearbeitet. Er bildete den Mittelpunkt eines jugendlichen Kreises, den Hebbel gerne um sich versammelt sah. Kuh wurde sein Schüler und sein Vertrauter. 1858 reiste er mit dem Dichter nach Krakau. Drei Jahre später wurde er Redakteur und brachte es 1864 zum Professor für deutsche Literatur an der Handelsakademie. Fünf Jahre nach Hebbels Tod edierte er eine Ausgabe von dessen Werken in zwölf Bänden. Außerdem schrieb er zahlreiche Artikel und die erste Biographie. (Zwei Bände, 1877, vollendet von Rudolph Valdeck.)

Emil Kuh gab den Anlaß, daß Hebbel sich mit Karl Gutzkow überwarf. Während seines zweiten Aufenthalts in Hamburg war die Beziehung gut, wenn auch nicht auf die Dauer. In den vierziger Jahren befehdeten sie einander gehässig, bis sie sich 1853 in Leipzig trafen und zu beider Erstaunen gut miteinander auskamen.

So herzlich entwickelte sich das Verhältnis jedoch nun auch wieder nicht, daß es nicht erneut zerbrechen konnte. 1860 bezeichnete Gutzkow in einem Gespräch Emil Kuh als Hebbels Kommis. Damit sagte er ein Wort zu viel. Hebbel brach die Unterhaltung sofort ab und schwenkte wieder auf den alten Kurs ein. Bissig ließ er sich über Gutzkows Werke vernehmen, und seine Kritiken endeten immer mit demselben Ergebnis: Gutzkow sei unfähig.

Diesem schadeten die Angriffe wenig. Schon ein Jahr nach dem Zerwürfnis wurde er als Sekretär der Schiller-Gesellschaft nach Weimar berufen. Für Hebbel war das ein Grund mehr, die Stadt zu meiden.

Daß der Dichter seinen Jünger gegen Gutzkow verteidigte, hinder-

Brief Karl Gutzkows an Hebbel, 1853

te diesen nicht, ihm die Freundschaft seinerseits aufzukündigen. 1861 trafen beide im Theater zusammen, Lessings «Emilia Galotti» stand auf dem Programm. Kuh saß dicht vor Hebbel und grüßte nicht, er übersah seinen Meister einfach. Das verletzte diesen wie kaum eine Kränkung zuvor.

Für Kuh, der sich dem Dichter in blindem Gehorsam ergeben hatte, war es ein etwas ungewöhnlicher Akt der Selbstbefreiung, Hebbel sah niederträchtigen Verrat darin. Nächtelang konnte er nicht schlafen. Er beschimpfte Kuh als *Judas Ischariot, der zehn Jahre lang an unserem Tisch saß*[248], und suchte für seine verwundete Seele Ersatz bei seinem Eichhörnchen, das ihn jedoch auch verließ; es starb.

Mit Emil Kuh, der Hebbel erst 1863 auf dem Sterbebett wieder besuchte, zogen sich auch der Musiker Karl Debrois van Bruyck und der Jurist Julius Glaser, der 1871 Justizminister wurde, zurück.

Zu dem Schriftsteller und Theatermann Franz Dingelstedt knüpfte Hebbel in den fünfziger Jahren ein freundschaftliches Verhältnis. Dingelstedt, ein Jahr jünger, kam 1851 als Intendant an das Hof- und Nationaltheater in München, brachte dort die *Agnes Bernauer* zwei Jahre später groß heraus und stand am Anfang einer glänzenden Karriere; er wurde Generalintendant in Weimar, Direktor des Hofoperntheaters und dann des Hofburgtheaters in Wien. Er wurde in den Adelsstand und zum österreichischen Freiherrn erhoben. Als er 1881 starb, hinterließ er ein Werk von zwölf Bänden.

Die Duzfreundschaft endete im Streit. Von Weimar aus betrieb Dingelstedt zunächst die Übersiedlung des Dichters nach dort. Auch Christine Hebbel sollte in Weimar werden, was ihr Laube in Wien verweigerte: erste Tragödin. Dann änderte der Intendant seine Ansicht und hintertrieb nach Hebbels Meinung das Unternehmen, indem er sich dafür einsetzte, daß Gutzkow nach Weimar verpflichtet wurde.

In Marienbad lernte Friedrich Hebbel im Juli 1854 den Juristen Friedrich Uechtritz kennen. Dieser war Landgerichtsrat in Düsseldorf, schied aber 1858 aus dem Staatsdienst und widmete sich in seiner Geburtsstadt Görlitz ganz der Schriftstellerei. Hebbel nannte ihn *einen unendlich feinen Geist im wohltuendsten Sinne, höchst mitteilungswürdig und mitteilungsbedürftig* [249]. Die Briefe, die sie wechselten, bezeichnete er als *die wichtigsten konfessionellen Denkmale meines Geistes* [250].

Zwischen beiden stand die Religion. Uechtritz war zwar Protestant, bewunderte aber auch den Katholizismus. Doch über diese Differenz vermochten sie hinwegzusehen. Als der Dichter dem Freund aber sein politisches Glaubensbekenntnis mitteilte, schien er das Verhältnis zerstört zu haben. Hebbel vertrat den allgemeinen deutschen Standpunkt und blickte mit Verachtung auf die Italiener, die er noch unter die Juden und Polen stellte. Das traf Uechtritz, der starke Sympathie für Italien empfand. Acht Monate ließ er den Brief unbeantwortet.

Hebbels unerbittlichster Feind hieß Julian Schmidt. Er gab mit Gustav Freytag die Zeitschrift «Grenzboten» heraus und genoß in Deutschland ein gewisses Ansehen auf dem Gebiet der Ästhetik. 1850 verriß er das *Trauerspiel* sowie den *Rubin* und ließ an beiden Werken keine gute Zeile. Er warf Hebbel vor, daß dieser Greuel und Leichen auf der Bühne anhäufe und dichte, als befände er sich im Delirium tremens. Der Angegriffene reagierte mit der *Abfertigung eines ästhetischen Kannegießers*. Er rechnete Schmidt vor, daß er absichtlich die Chronologie seiner Werke vertausche, absichtlich entstelle, falsche Inhaltsangaben und Charakteristiken liefere und seine Theorie umkehre, um auch die Praxis karikieren zu können.

Nun traf Hebbel in Schmidt auf einen Gegner, der nicht schwieg, solange er schreiben konnte. Julian Schmidt griff abermals zur Feder und zerpflückte die *Julia*. Seine Kritik unterschied sich in nichts von den vorangegangenen und gipfelte in dem Vorwurf, Hebbel sei größenwahnsinnig.

Mit Hermann Hettner, den der Dichter in Neapel kennenlernte, und mit Heinrich Th. Rötscher blieb das Verhältnis dagegen in erträglichen, wenn auch nicht freundschaftlichen Bahnen. Zu Arthur Schopenhauer, den Hebbel einmal besuchte, und zu Eduard Mörike fand er keine Einstellung. Besser ging es mit seinem Landsmann Klaus Groth, dessen plattdeutsche Gedichte er bewunderte. Adalbert Stifter dagegen traf Hebbels ganze Verachtung als Dichter. Er spottete über ihn und andere Naturpoeten, die Käfer und Butterblumen nur deshalb schilderten, weil sie keine Empfindung für das Große hätten. Stifter wehrte sich mit dem «Sanften Gesetz», das er 1852 seinen «Bunten Steinen» voranstellte. Hebbel empfand das als Provokation und verriß 1858 den «Nachsommer» als ein mißratenes Kunstprodukt.

Daß viele Kollegen Friedrich Hebbel nicht wohlwollten, lag bei solchen Tönen auf der Hand. Heinrich Laube verfügte von allen über

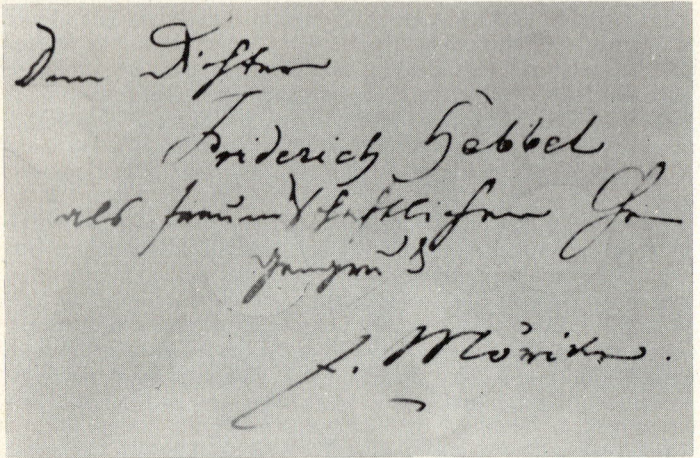

Widmung Eduard Mörikes an Hebbel in einem Gedichtband, 1856

die beste Gelegenheit, ihm zu zeigen, wie wenig er ihn schätzte. Da er in Wien den längeren Arm besaß und die Schlüssel zum Theater in der Hand hielt, bekam Hebbel seine Macht zu spüren. Laube inszenierte als einziges Werk die *Genoveva*. Von den neu entstehenden Dramen fiel die *Agnes Bernauer* seinem Bannstrahl als erstes zum Opfer. Sie hatte am 25. März 1852 im Hoftheater in München Premiere. *Gyges und sein Ring* sah Hebbel gar nicht auf der Bühne, Laube sandte das Manuskript zurück, weil das Grundmotiv eine Aufführung verbiete; das Stück kam erst am 25. April 1889 an der Burg heraus. Die *Nibelungen* erlebten im Mai 1861 ihre Uraufführung in Weimar.

Dabei hoffte Hebbel mit seinem neuen Drama *Agnes Bernauer* seine *ehrlichen Gegner zu versöhnen*[251], denn er wollte das Verhältnis behandeln, *worin das Individuum zur Gesellschaft steht, und mit dem Resultat werden die «Sozialisten» schwerlich zufrieden sein.*

Das stimmte. Im Lager der Radikalen wäre ein Revolutionsstück willkommen gewesen, aber den Plan hatte Hebbel ja aufgegeben. Sein Staatsdrama *Agnes Bernauer* hingegen konnte den «Sozialisten» nicht gefallen – schon deshalb nicht, weil es veranschaulichen sollte, *daß das Individuum, wie herrlich und groß, wie edel und schön es immer sei, sich der Gesellschaft unter allen Umständen beugen muß, weil in dieser und ihrem notwendigen formalen Ausdruck, dem Staat, die ganze Menschheit lebt, in jenem aber nur eine einzelne Seite derselben zur Entfaltung gelangt. Das ist eine ernste, bittere Lehre, für die ich von dem hohlen Demokratismus unserer Zeit keinen besonderen Dank erwarte.*[252]

In seinem Stück ging es Hebbel um das alte Deutsche Reich,
das den Hintergrund seiner Tragödie bildet. Nach seinem Urteil
hatte ihm das Drama *der tiefste
Schmerz um Deutschland abgepreßt*... *An das Schicksal der
modernen Antigone habe ich eine
Darstellung des alten, ehrwürdi-
gen Reiches zu knüpfen gesucht,
das jetzt begraben zu werden
scheint. Ich habe mit unendlicher
Begeisterung daran gearbeitet.*[253]
Den Stoff fand Friedrich Hebbel in verschiedenen alten Chro-
niken, angeregt wurde er durch
das Drama «Agnes Bernauerin»
von Josef August Graf von Törring, das er im ganzen positiv
beurteilte. Er kritisierte aber, daß
Törring den Hintergrund, das
Reich, zu wenig ausgeführt habe.
Einen Grundgedanken für sein
Stück notierte er sich schon 1845:
*Idee zu einer Tragödie. Ein wunderschönes Mädchen, noch unbekannt
mit der Gewalt ihrer Reize, tritt ins Leben ein aus klösterlicher Abgeschiedenheit. Alles schart sich um sie zusammen, Brüder entzweien
sich auf Tod und Leben, Freundschaftsbande zerreißen, ihre eignen
Freundinnen, neidisch oder durch Untreue ihrer Anbeter verletzt,
verlassen sie. Sie liebt einen, dessen Bruder seinem Leben nachzu-
stellen anfängt, da schaudert sie vor sich selbst und tritt ins Kloster
zurück.*[254]
Am 22. September 1851 begann der Dichter sein Drama. Er verband den alten Plan, ein politisches Stück zu schreiben, mit dem Thema der absoluten Schönheit und dem Leben der Baderstochter von
Augsburg. Noch im selben Jahr, am 24. Dezember, wurde das Werk
fertig.
Reicher als in einigen Urkunden, die Hebbel kannte, floß der Stoff
in historischen Darstellungen: Johann Heinrich Falckensteins Geschichte des Herzogtums Bayerns, Paul von Stettens Darstellung der
Reichsstadt Augsburg und Konrad Mannerts bayrische Geschichte.
Zu diesen Werken, die Hebbel benutzte, kam noch Engelbertus Wer-
lichius' «Chronica der Weitberümpten Keyserlichen Freyen und des
H. Reichs Statt Augspurg» von 1595. Seine Hauptquelle aber ver-
schwieg der Dichter: die sentimentale Monographie «Agnes Ber-

nauerin» von Felix Joseph Lipowsky, eine durch und durch subjektiv gefärbte, von der Fabulierkunst des Autors überbordende Historie. Für den Dichter besagte historische Untreue jedoch nichts, und Hebbel folgte Lipowsky weitgehend im Aufbau, in der Zeichnung der Charaktere und zahlreichen Einzelmotiven.

Als einen guten Menschen schilderten bereits die Quellen den bayrischen Herzog Ernst, der als Friedensfürst in die Geschichte einging. Er mehrte sein Land durch weitschauende politische Klugheit und vermochte, wenn es nötig war, durchaus kräftig mit dem Schwert dreinzuschlagen. Hebbel übernahm diese Charakteristik, vertiefte den Eindruck des segenreichen Landesvaters aber noch um einige wesentliche Züge, die er nicht in den Vorlagen fand: Ernst folgt nur seiner Pflicht, nicht der Neigung, und stellt Persönliches hintenan. Er ist kein Diktator, jedes autoritäre Gehabe liegt diesem Volksfürst fern. Die Bauern halten Kontakt zu ihm, er kümmert sich auch um den geringsten seiner Untertanen und hört sogar den Rat des Dieners. Den Mord, den er als Staatsmann nach langer Überlegung im Interesse der Allgemeinheit befehlen muß, sühnt er als Mensch. Mit diesen Veränderungen wollte Hebbel in der Gestalt des Fürsten *den Staat in seiner sittlichen Berechtigung hinstellen* [255].

Agnes ließ der Dichter ganz aus dem bürgerlichen Milieu hervorgehen, dem sie entstammte. Er verwandte zwei Akte auf die Zeichnung dieses Hintergrunds, in dem Armut und Redlichkeit das Leben ebenso bestimmen wie Stolz und Gottvertrauen. Schön ist Agnes auch in den Quellen, doch der Dichter steigerte im Drama das Besondere zum Exemplarischen. Agnes erhält mythische Züge, sie gilt als eine Heilige. Ihre Liebe bedeutet in den Vorlagen bereits einen außerordentlichen Vorfall; auch im Drama ist sie weit über das Alltägliche hinausgehoben. Ihr Tod, den sie bereitwillig auf sich nimmt, beweist den absoluten Wert ihrer Liebe. Auch Albrecht steht mit seiner Zuneigung weit über der Sphäre des Alltäglichen. Seine Liebe zu Agnes kommt über ihn wie ein Rausch, der die Möglichkeit der Gotteserfahrung birgt.

Zwischen Ernst und Agnes stellte Hebbel Albrecht. Ihn veränderte er im Gegensatz zu den Quellen am stärksten. Die Historiker und Lipowsky schildern den jungen Herzog als einen sanftmütigen Mann von ansehnlicher Leibesfülle. Er war ein Liebhaber der Musik und ein andächtiger Christ, der mit seiner Frau zehn Kinder zeugte und sich nebenher noch eine schöne Mätresse in Augsburg hielt.

Im Drama verwandelt die Liebe Albrechts Leben. Sie treibt den zum Politiker und Staatsmann bestimmten Potentaten ins Lager des Aufruhrs und der offenen Rebellion. Er beansprucht für sich das Recht, als freies Individuum zu leben und sich ganz seiner Liebe hinzugeben. Er behauptet sein Menschenrecht auf Agnes gegen den Anspruch des Staates auf ihn, den sein Vater vertritt. Mit Bürgern und Bauern stellt er sich offen gegen Herzog und Adel und wirft aus persönlicher Rache die Friedensordnung über den Haufen. Albrecht fühlt sich als Vorkämpfer einer freien Gesellschaftsordnung: *Und nach fünfzig Jahren soll jeder Engel, der ihr gleicht, auf Erden einen Thron finden... Dafür soll mein Beispiel sorgen!* [256]

Die Autorität des Reiches und der Kirche zwingen ihn in die Knie, die Sittlichkeit des Vaters versöhnt ihn mit seinem Geschick. Albrecht läutert sich vom Revolutionär zum staatsbejahenden Regenten, ein Vorgang, der ohne jede Parallele in den Quellen selbständig von Hebbel erfunden wurde. Die Übernahme der Herzogwürde im Angesicht der weltlichen und geistlichen Macht verwandelt den Kämpfer. Die Repräsentanten des Individualitätsprinzips und des Staates, Agnes und Ernst, treten von der politischen Bühne ab; Albrecht, der beide Prinzipien verbindet, übernimmt die Macht.

Auch die *Agnes Bernauer* endet mit dem Ausblick auf die Zukunft, die allein zur Hoffnung berechtigt. Bewußt und unabhängig von seinen Quellen schildert Hebbel das Mittelalter als eine Epoche des Umbruchs, indem er revolutionäre Elemente durch Bauern und Bürger einfügt. Fünfzig Jahre vor der Begegnung mit Albrecht hätte Agnes ja nicht einmal das Turnier in Augsburg besuchen dürfen! Seine Herrschaft vermittelt den Eindruck, daß er Altes und Neues harmonisch ausgleichen wird und damit die Bedingung schafft, daß der schönste Mensch sich in Liebe dem Regenten verbinden darf, auch wenn er einem niedrigen Stand angehört.

Mit dieser Tragödie gab Friedrich Hebbel seine Antwort auf die Revolution. Sie unterschied sich nicht von dem, was er in den Korrespondentenberichten geschrieben hatte. Herzog Ernst beschäftigte ihn nach seinen eigenen Worten am stärksten; er stand auf seiner Seite und trat ebenfalls für die Erhaltung des Staates ein. Das Recht des Gemeinwohls stellte Hebbel über das des Einzelnen:

An der Agnes Bernauer kann nun in diesem Sinne nichts interessieren als das Verhältnis, worin ein menschliches Individuum, das zu schön ist, um nicht die glühendsten Leidenschaften hervorzurufen, und doch zu niedrig gestellt, um auf einen Thron zu passen, zum Staat und zum Vertreter desselben gerät, wenn es höher erhoben wird, als die Ordnung der Welt es verträgt. Daß sie in eine Situation hineingerät, in der sie vernichtet werden muß, wenn sie nicht zurück kann, das ist an ihrem Schicksal einzig und stempelt sie, indem doch auch hier ein Zusammenstoß des absoluten und des positiven Rechts vorliegt, zur Antigone der modernen Zeit... Mein Augenmerk war, in dem Mädchen eine Lilie hinzustellen, der man es an jedem Blatt noch ansieht, daß sie sich durch den Boden h i n d u r c h q u ä l e n mußte, und in dem Fürsten, der sie opfert, einen durchaus sittlichen Repräsentanten der höchsten Gewalt... [257]

Christine, 1855. Lithographie von J. Kriehuber

Ein Mann der alten Schule –
«Gyges und sein Ring» – «Mutter und Kind»

Friedrich Hebbels Auffassung vom Staat stieß im nachrevolutionären Österreich und in Deutschland auf Ablehnung. Bei der Premiere in München spendeten abwechselnd die konservativen und liberalen Zuschauer Beifall. Wegen seines Dramas wurde der Dichter als servil beschimpft, doch auch das Establishment huldigte dem staats- und königstreuen Autor nicht uneingeschränkt.

Dennoch sah Hebbel keinen Grund, seine Position aufzugeben. Auch in den Jahren von 1848 bis 1863 blieb das Interesse an seiner

1858. Lithographie von J. Kriehuber

Zeit ein wesentliches Moment seines Schaffens. Er äußerte sich zwar zu den allgemeinen Problemen nicht mehr so aktiv, kommentierte das Besondere jedoch regelmäßig in seinen Briefen. Seine parteipolitisch unabhängige Stellung zwischen den Fronten behauptete er und nannte sich selber *einen Mann der alten, nicht der neuen Schule*[258]. Auch sein Programm veränderte sich nicht: *Die sittliche Welt sollen wir alle gemeinsam bauen, darum erging an uns alle mit gleicher Eindringlichkeit der gleiche Ruf.*[259]

Im Mittelpunkt seines politischen Denkens stand in dieser Zeit der Staat. Niemals, schrieb er, sei ihm die Beziehung des Einzelnen zum Ganzen so bewußt geworden wie durch die *Agnes Bernauer*. Jeden Versuch, dieses notwendige Verhältnis umzustürzen, lehnte er ab. Trotzdem legte er sich nicht auf eine bestimmte Staatsform fest, weder auf die Republik noch auf die Monarchie, obwohl er im ganzen dieser den Vorzug gab.

Diese Sympathie erklärt sich teilweise aus Hebbels Interpretation der königlichen Gewalt. Im Monarchen allein sah er auf Grund des Amtes eine sakrosankte Person; ein Widerstand gegen das gekrönte Haupt bedeutete für ihn Frevel. Nur durch die Herrscher, die großen Individuen, wird nach Hebbels Meinung die Geschichte vorangetrieben. König sein heißt demnach, die Möglichkeit, die Macht und die Pflicht zu haben, den Fortschritt zu fördern.

Es traf Friedrich Hebbel tief, als der Ungar Libenyis den Kaiser Franz Joseph I. am 18. Februar 1853 in Wien auf offener Straße mit dem Messer zu ermorden versuchte; der Anschlag mißlang. Kuh berichtete mit totenbleicher Miene den Vorgang, und Hebbel notierte in sein Tagebuch: ... *die Majestät ... hat ihre Unnahbarkeit nicht verleugnet, aber der bloße Versuch ist ... furchtbarer, wie jede andere Missetat.*[260]

Denn gerade dem österreichischen Kaiser fiel nach Hebbels politischer Überzeugung eine epochale Aufgabe zu. Er hatte die historische Pflicht, den zukünftigen deutsch-österreichischen Gesamtstaat zu errichten:

> *... Gefeit ist, weil geweiht, des Kaisers Leben!*
> *Nun darfst Du doppelt auf Dich selbst vertrauen,*
> *Und doppelt hoffen darf auf Dich die Welt ...*
> *Du wirst den Thron aufs Neue bauen,*
> *Den Karl der Große einst so hoch gestellt,*
> *Denn soll's noch einmal auf der Erde tagen,*
> *So muß das Herz Europas wieder schlagen!*
>
> *So schmiede denn mit einer eh'rnen Klammer*
> *Das eigne fest ans alte Deutsche Reich;*
> *Dann endest Du den allgemeinen Jammer*
> *Und den des edlen Deutschen Volks zugleich.*[261]

So Hebbel im Jahre des Attentats *An des Kaisers von Österreich Majestät.* Der Gedanke an die Zukunft tritt bei ihm immer stärker hervor und wird zum Zentrum seines politischen Denkens. Die deutsch-österreichische Einheit bedeutet ihm alles. Die beiden Staaten kommen ihm vor wie zwei getrennte Herzkammern, die keinen geregelten Blutkreislauf gewährleisten; so gespalten erscheinen ihm auch die beiden Mächte, und das politische Leben stagniert seiner Meinung nach. Nichts schmerzt ihn tiefer als die unüberbrückbare Kluft zwischen den politischen Gruppen. Deutschlands Sicherheit besteht nach seiner Ansicht nur in der Uneinigkeit des übrigen Europa – sonst wäre es längst verloren.

Da Hebbels Herz weder nach österreichischem noch nach deutschem Takt schlug, sondern gesamtstaatlich, wechselte auch seine politische

Sympathie. Sie gehörte immer der Macht, die die Sache eines vereinigten Reiches am stärksten vertrat. Doch der Gesamtstaat bildete nicht Friedrich Hebbels letzte politische Idee. Er sollte nur den Kern eines vereinigten Europas bilden, hinter dem der Dichter in poetischer Verklärung und nicht als realpolitisches Konzept das goldene Zeitalter eines Weltstaates beschwor.

Schon vor der Revolution gestand er Ludwig Gurlitt: *Ich hasse neue Etablissements von Fürstentümern und das provinzielle Verfestigen in einer Zeit, die dem Völkerbund entgegenstrebt, ich mag kurz vor dem jüngsten Tag der Nationalitäten das Rücken mit den Stühlen nicht.*[262] In dem Gedicht an den Kaiser gab Hebbel dem deutsch-österreichischen Großreich die Grenzen des karolingischen Imperiums. Ein Jahr vor seinem Tod schrieb er den *Prolog zum 26. Februar 1862*, zum Jahrestag der Verfassung, der im Operntheater am Kärnthner Tor gesprochen wurde. Der Prolog gefiel dem Publikum – bis auf die Stellen, *wegen denen ich ihn allein geschrieben hatte, die schöne Empfindung von dem Zauberhort und die Schlußvision*[263]:

> *Es heißt, im Schoß der Erde ruht ein Hort,*
> *Der wird gehoben durch ein Zauberwort,*
> *Doch unter viele ist das Wort verteilt . . .*
> *Doch wenn ihr Stern sie einst zusammenführt,*
> *So fühlt ein jeder seltsam sich berührt,*
> *Sie sind sich fremd und dennoch gleich bekannt,*
> *Sie reichen sich zum Bruderbund die Hand,*
> *Und, wie von selbst, entschwebt das Wort dem Mund,*
> *Vor dem die Erde birst bis auf den Grund,*
> *Und die verschloßne Herrlichkeit und Pracht*
> *Liegt offen für sie da in reichem Schacht . . .*
> *So schaffe denn ein jeder, was er soll:*
> *Vielleicht ist h i e r der Völkerrat schon voll,*
> *Vielleicht entschwebt das Wort schon E u r e m Mund,*
> *Wenn Ihr die Hand Euch reicht zum Bruderbund . . .*
> *Drum eilt, Ihr wirkt ja für die gold'ne Zeit,*
> *Denn nicht im Dunkel der Vergangenheit*
> *Soll man sie suchen, vor uns liegt sie da.*
> *Einst wird geschehen, was noch nie geschah . . .*
> *Der Zukunft aber fällt ein reich'res Los,*
> *Denn doppelt fruchtbar ist der Freiheit Schoß,*
> *Und kommen wird der Tag, wo man sie kränzt,*
> *Weil sie mit allen ihren Häuptern glänzt,*
> *Wo sich dem Helden gleich der Musenchor*
> *Gesellt, den er so oft umsonst beschwor,*
> *Und wo die Tat, die ihm ein Gott beschert,*
> *Den gold'nen Schatten wirft, der ewig währt:*
> *Ein Alexander führt den Inderzug,*
> *Ein Raphael erhascht das Bild im Flug,*

Ein Phidias prüft fürs Denkmal schon den Stein,
Ein Mozart stimmt mit Sternenklängen ein,
Ein Shakespeare lächelt über alle hin
Und offenbart des Erdenrätsels Sinn,
Indes ein Kant noch tiefer niedersteigt
Und auf die Wurzel aller Welten zeigt.[264]

In mystischer Zukunft sah Hebbel das Heil der Welt; in mythischer Vergangenheit fand er den Stoff für seine nächste Tragödie.

Zufällig begegnete er in der Bibliothek des Wiener Polizeiministeriums dem Beamten Braun von Braunthal, dem der Druck der Kanzleigeschäfte noch genügend Zeit für eigene poetische Betätigung ließ. Der schöngeistige Adlige bewies seine Belesenheit. Er fragte Hebbel, warum er denn die Geschichte von Gyges und Rhodope noch nicht bearbeitet habe; das sei ein Stoff für ihn. Hebbel kannte die Fabel nicht, von Braunthal reichte ihm das «Universal-Lexikon der Gegenwart und Vergangenheit oder neuestes encyclopädisches Wörterbuch der Wissenschaften, Künste und Gewerbe» von H. A. Pierer. Hebbel las:

«Gyges... lydischer Hirt, der einst auf der Weide in einem Felsen ein Grabmal entdeckte; in dem als Sarg dienenden ehernen Pferde war an der einen Seite eine Tür, nach deren Eröffnung er an dem einen Finger des Leichnams einen Ring entdeckte. Er nahm diesen Ring mit sich und steckte ihn an, und bald nahm er wahr, daß er den andern, wenn er den Stein einwärts drehte, unsichtbar, wenn er ihn wieder nach außen drehte, sichtbar wurde. Diese Kraft des Ringes benutzte er, um sich in das Schlafgemach der Königin zu schleichen und den König Kandaules zu morden, worauf er selbst König wurde. So erzählen Plato (de re publica I.) und Cicero (de offic. 3,9); dagegen bei Herodot (1,8 ff) ist Gyges ein Vertrauter des Königs, welchem dieser die Schönheit seiner Gemahlin rühmt und ihn auffordert, sie in ihrem Schlafgemach zu belauschen. Gyges tat es, hinter der Tür stehend, da ihn aber die Königin bemerkt hatte, ließ sie ihn zu sich kommen und bot ihm die Wahl, entweder selbst ermordet zu werden oder den König zu ermorden, sie zu heiraten und dann den Thron der Lydier zu besteigen. Er wählte das Letztere und mit ihm kam 728 v. Chr. die Dynastie Mermnaden zur Regierung.»[265]

Am 14. Dezember 1853 machte Braunthal den Dichter auf den Stoff aufmerksam, noch am selben Abend entstand eine Hauptszene der Tragödie *Gyges und sein Ring*. Fertig wurde das Werk jedoch erst am 14. November des nächsten Jahres.

Hebbel benutzte vor allem Herodot und außer Platon auch die indischen Sagen von Adolf Holtzmann, die er sehr bewunderte. Er entnahm diesem Buch, und nicht der Novelle «Le Roi Candaule» von Théophile Gautier, die Atmosphäre der indischen Welt.

Anders als bei den *Agnes Bernauer* folgte der Autor diesmal dem Stoff der Fabel kaum. Er änderte die Handlung, vor allem den Schluß, den die Überlieferung als Happy-End zwischen dem Usurpator und der Königin schildert. Doch auch bei diesem Drama formte er die Personen um.

Kandaules bleibt in der Quelle eine recht konturlose Gestalt, ein Monarch ohne Profil, der aus Eitelkeit seine Frau zur Schau stellt, um seinem Besitzerstolz zu schmeicheln. Hebbel machte daraus eine Persönlichkeit mit scharfem Umriß. Kandaules wagt als *Einziger* (V. 1347), die fremde Königstochter der Heimat zu entführen. Seine Abstammung von Herakles bedeutet für ihn eine Verpflichtung. Seinen Frevel an Rhodope büßt er bereitwillig, obwohl ihre strenge Zurückgezogenheit seine Liebe unsicher gemacht hat.

Vor allem aber stellte Hebbel den König als einen leidenschaftlichen Erneuerer dar, der die Fesseln der Tradition in seinem privaten und im öffentlichen Bereich abstreifen will. Er möchte Rhodope entschleiern und die Gattin als Königin an seiner Seite sehen. Er läßt moderne Reichsinsignien schaffen, Symbole seines Erneuerungswillens: *«So darf's nicht länger bleiben!»* (V. 47).

Die Vergangenheit, die der König überwinden will, lebt in seinem treuen Diener Thoas. Doch Kandaules übertreibt sein Fortschritts-

Schluß der Handschrift «Prolog zum 26. Februar 1862»

1858

streben und bekennt in einer großen Rede über den Schlaf der Welt seine Schuld, zugleich aber seine Hoffnung auf die Zukunft:

> *Man soll nicht immer fragen:*
> *Was ist ein Ding? Zuweilen auch: was gilt's?*
> *Ich weiß gewiß, die Zeit wird einmal kommen,*
> *Wo Alles denkt wie ich; was steckt denn auch*
> *In Schleiern, Kronen oder rost'gen Schwertern,*
> *Das ewig wäre?* (V. 1807)

Wie Thoas lebt auch die Königin mit rückwärts gewandtem Blick und klammert sich an die alten Bräuche ihrer Heimat. Herodot zeichnet eine selbstbewußte, tatkräftige und entschlossene Rhodope, die nicht einen Tag lang zögert, den Frevler Gyges zur Rechenschaft zu ziehen. Sie fordert ihn auf, ihren Mann, der das Verbrechen an ihr befahl, zu töten und sie zu heiraten oder selber zu sterben. Vor diese Alternative gestellt, wählt Gyges das eigene Leben, und Rhodope plant mit ihm den Gattenmord und reicht dem Mörder ihre Hand. Von diesem politischen Rigorismus übernahm Hebbel nichts.

Rhodope verbirgt sich hinter ihrem Schleier, dem Symbol der Tradition und Sittlichkeit. Sie verkörpert nach Hebbels Urteil *die Idee der Sitte* [266] und beantwortet den Frevel – dreizehnmal verwendet der Dichter dieses Wort – mit einem Schrei, der ihr Entsetzen darüber artikuliert, daß Kandaules sie als eine Sache seines politischen Kalküls mißbraucht. Ihr Selbstmord beweist den Wert der durch sie repräsentierten Ideen.

Die Strenge der Königin milderte Hebbel durch ihre «leichtfertige» Dienerin Lesbia, die wie Thoas eine Erfindung des Dichters ist. Als sie vor Gyges steht, bekennt sie ihm offen ihre Liebe.

Gyges ist im Drama ein Grieche, nicht ein Hirt oder Lanzenträger des Königs wie in den Quellen. Hebbel stellt ihn als einen würdigen Vertreter seines Volkes dar. Er ist tapfer, siegt im Wettkampf, tötet den Tiger und braucht den Heraklidensproß nicht zu fürchten. Gyges ahnt die Gefahr, die der Ring bedeutet, und versucht seinen Zauber nicht. Er achtet Lesbia und stellt sich unmittelbar nach seinem Frevel dem Gericht des Königs, weil er das Schändliche der Tat empfindet. Doch von Anfang an bedeutet auch ihm der Schleier der Rhodope kein absolutes Tabu – sonst wäre er dem Freund nicht ins Schlafgemach gefolgt. Gyges ist ein Entsagender, den die Königin noch über ihren Gemahl stellt:

> *Und wenn's Dich freuen kann, vernimm noch eins:*
> *Du hättest mich der Heimat nicht entführt,*
> *Um so an mir zu tun!* (V. 1583 f)

Gyges steht zwischen dem vorwärtsdrängenden König und der verschleierten Königin. Ihm übergibt Thoas die neue Krone; das neue Schwert trägt er bereits.

Erstausgabe von «Mutter und Kind»

Die Herrschaft des Griechen öffnet den Blick in die Zukunft, sie versöhnt mit dem tragischen Untergang des Königspaares. Hebbel gruppierte die Personen antithetisch um Gyges, der das Zentrum bildet. Ihn verbindet Freundschaft mit Kandaules, der zwar die Herrschaftszeichen entmythologisiert, dessen ungestümes Vorwärtsdrängen aber scheitert; Thoas bewundert ihn und krönt ihn zum neuen König, Rhodope lehrt ihn die Achtung vor Sitte und Tradition. Gyges liebt und verehrt sie, setzt sich aber doch über ihre absolute Strenge hinweg, die jeden Fortschritt verhindert. Deshalb stellte Hebbel der

Königin Lesbia zur Seite, die in ihrer Liebe zu Gyges bereit ist, neue Wege zu gehen.

Gyges' Erscheinen am lydischen Königshof läßt die latente Krise ausbrechen. Sein Frevel provoziert den Zusammenstoß des königlichen Fortschrittswillens mit dem Traditionsbewußtsein der Königin; beide werden vernichtet. Aber Gyges verbindet das rückwärtsgewandte Gesetz der Rhodope mit Kandaules' Glauben an die Zukunft: Tradition und Fortschritt werden sich während seiner Herrschaft zu einem freieren Leben verbinden.

Natürlich dichtete Hebbel sein Drama nicht für die Schublade, aber dort endete es. Laube lehnte das Stück ab, nicht ohne den Dichter zu trösten, es sei bestimmt eines seiner besten Werke.

Der *Gyges* war ein Zufallsprodukt; ohne den dichtenden Bibliotheksbeamten hätte Hebbel diese Tragödie nicht geschrieben. Sein nächstes Werk, das Epos *Mutter und Kind*, behandelt dagegen nach seinen eigenen Worten einen seiner ältesten Stoffe; schon vor der *Maria Magdalena* beschäftigte ihn das Thema. 1846 notierte er sich dann, *daß erst die Ehe den Menschen zum ganzen Menschen macht* und nahm sich vor, diesen Gedanken dramatisch darzustellen. Daraus wurde nichts; auch der Plan, ihn novellistisch zu behandeln, blieb liegen.

Im Januar 1847 führte er das Thema jedoch im Tagebuch weiter aus, aber erst am 9. Februar 1856, dem Geburtstag seiner Frau, begann er die eigentliche Arbeit an dem Epos. Die Familie als Grundelement der Gesellschaft, die Ehe als sittliche Institution, Entsagung und Läuterung der Menschen bilden den Inhalt des Werks, das Hebbel zum großen Teil beim Veilchenpflücken im Prater dichtete und zwei Tage nach seinem eigenen Geburtstag 1857 abschloß. Er nannte das Stück, das nach seinem Urteil sein soziales Glaubensbekenntnis enthält, *das humanste aller deutschen Gedichte* [267].

Die Tiedge-Stiftung in Dresden hatte 200 Taler für das gelungenste Epos im Stil von Goethes «Hermann und Dorothea» ausgesetzt, ohne daß ein Preisträger bestimmt worden war. Von Kuh erfuhr Hebbel diese Chance, schickte sein Werk sofort ab und hielt zwei Monate später den Preis und die Urkunde in der Hand. Die Kritik nahm das Epos, das im Dezember 1859 erschien, freundlich auf.

Weimar – «Die Nibelungen» – «Demetrius»

Drei Jahre lagen zwischen dem *Gyges* und dem Epos, und es dauerte noch einmal drei Jahre, bis Hebbel sein letztes vollendetes Drama abschloß. Diese langen Spannen waren bei ihm nicht ungewöhnlich. Er verglich seine dichterische Produktivität oft mit dem Wechsel von Ebbe und Flut; auf eine Periode der Schaffenskraft folgte meistens ein Versiegen. Auch der Sommer bedeutete eine üble Zeit, die Hitze lähmte ihn. In solchen Phasen befiel ihn immer wieder die Furcht, sein innerer Quell sei verschüttet. Dann gab es für den Dichter nur eines: er mußte reisen und die Abwechslung suchen.

Obwohl er seine Familie nicht gern verließ, machte er seit 1846 in jedem Jahr eine längere Reise. Er mußte mit den Direktionen der Bühnen verhandeln und fuhr deshalb wiederholt nach Berlin, Dresden und Prag. Geschäfte mit seinen Verlegern erforderten es, daß er Hamburg, Leipzig oder Stuttgart besuchte.

In München erlebte Friedrich Hebbel 1852 glanzvolle Tage, als Dingelstedt die *Agnes Bernauer* inszenierte und der Dichter wieder einmal vor einem Thron das Knie beugen durfte; König Maximilian II. Joseph von Bayern empfing ihn zu einer längeren vertraulichen Audienz. An den Aufenthalt knüpfte sich noch eine weitere Ehre: Hebbel wurde zum Ritter des Königlich Bayrischen Maximilian-Ordens für Wissenschaft und Kunst ernannt. Im selben Jahr besuchte er außerdem die oberitalienischen Städte Mailand, Venedig und Como.

1853 folgte er seiner Frau über Leipzig, Dresden und Berlin nach Hamburg und logierte sich, nach einem Abstecher nach Helgoland, bei Elise Lensing ein. Im nächsten Jahr fuhr er zum erstenmal zur Kur nach Marienbad, und als er im August 1855 in Gmunden sein Sommerhaus kaufte, verbrachte die Familie die Theaterferien oft am Traunsee.

Nur einmal überschritt Hebbel in all den Jahren die Grenze seiner weiteren Heimat. Im Spätsommer 1861 reiste er über Hamburg hinaus nach Holstein. Dithmarschen betrat er jedoch nicht, sondern fuhr nach Rendsburg und besuchte von dort aus seinen Bruder Johann, der in den bescheidensten Verhältnissen als Tagelöhner lebte. Weiter wollte er nicht in das Land hinein. Er machte *über den Ort, wo meine Wiege stand, jetzt für immer ein Kreuz; ich würde fast nur noch Gräber treffen und allenfalls hier und da einen Maulaffen* [268].

Enttäuschend endeten auch die Besuche in Paris 1860 und 1862 auf der Durchreise nach London. Die Stadt reizte ihn nicht mehr wie früher; die vertrauten Plätze ließen ihn kalt. London gefiel ihm noch weniger. Der krasse Unterschied zwischen Armut und Reichtum stieß ihn ab. Außerdem konnte er den Egoismus der Kaufleute und Händler nicht mit ihrem Puritanismus vereinen. Die schönsten Stunden verlebte er mit Sigmund Engländer, der sich sehr um den Gast bemühte. Doch Hebbel war froh, als er wieder nach Hause zu seiner Familie zurückkehren konnte.

In Wien kränkte ihn nur eines: Laubes Gegnerschaft. Dagegen vermochte er nichts zu unternehmen, denn die Direktion der Burg deckte den Intendanten, und Christine Hebbel bekam es zu spüren, wenn ihr Mann seinem Zorn in einem ironischen Brief Luft machte. Es gab nur einen Ausweg – das Paar mußte Wien verlassen. Weimar schien die besten Aussichten zu bieten.

Der Kontakt zur Stadt der Klassik begann im Mai 1858, als Hebbel in Wien dem Großherzog Karl Alexander von Sachsen-Weimar vorgestellt wurde. Im Sommer führte Dingelstedt die *Genoveva* zum

Urkunde über den Maximilian-Orden

Geburtstag des Fürsten auf, und im Juni und Juli hielt sich Hebbel in Weimar auf. Der Mann des Theaters machte ihn mit dem Musiker Franz Liszt bekannt, der als «Großherzoglicher Weimarischer Hofkapellmeister im außerordentlichen Dienst» auf der Altenburg, einem Besitz der Fürstin Carolyne von Sayn-Wittgenstein, einer Tochter des Zaren Paul, lebte. Hebbel verbrachte glückliche Tage und fühlte sich wie auf einer Insel, der Welt entrückt. Zum Kreis der Fürstin zählten die bekanntesten Persönlichkeiten des wissenschaftlichen und künstlerischen Lebens: Alexander von Humboldt, Hoffmann von Fallersleben, Ludwig Richter, Richard Wagner.

Die Tochter der Fürstin, Prinzessin Marie von Sayn-Wittgenstein, machte auf Hebbel einen tiefen Eindruck. Ihre Schönheit und ihr künstlerisches Verständnis bezauberten ihn, dem *eine solche wunderbare Mischung von Kultur und Natur* [269] noch nicht begegnet war. In einem Brief nach Wien schilderte er einen Abend in dieser Runde:

Abends auf der Altenburg große Gesellschaft, wo Liszt spielte, was er nur sehr selten tun soll; Zigeunerrhapsodien, durch die er mich allerdings auch elektrisierte. Am Klavier ist er ein Heros; hinter ihm in polnisch-russischer Nationaltracht mit Halbdiadem und goldenen Troddeln die junge Fürstin, die ihm die Blätter umschlug und ihm dabei zuweilen durch die langen, in der Hitze des Spiels wild flatternden Haare fuhr. Traumhaft-phantastisch! [270]

Hebbel hoffte, dieser Kontakt werde so schnell nicht abreißen. Tatsächlich blieb er bestehen, wenn auch zunächst nur zum Hof und nicht zu der einundzwanzigjährigen Prinzessin. Marie verlobte sich 1859 mit Konstantin zu Hohenlohe-Schillingsfürst, eine Bindung, die Hebbel kategorisch ablehnte, weil sie die junge Fürstin unglücklich machen würde. Er zog die Konsequenzen und brach den Umgang mit

Franz Liszt.
Stich von C. Gonzenbach
nach Wilhelm von Kaulbach

Das großherzogliche Residenzschloß in Weimar.
Lithographie von Ed. Pietzsch

Theaterzettel der «Nibelungen»-Premiere

ihr ab. Auch als Marie später nach Wien übersiedelte, erneuerte sich die Freundschaft nicht.

Doch auch die Verbindung zu Dingelstedt und dem Hof riß ab. Dabei begann das Jahr 1861 mit einem großem Erfolg. In Weimar war es verständlicherweise nicht unbekannt, daß Heinrich Laube in Wien Hebbel blockierte. Franz Dingelstedt ergriff daher die Initiative und brachte im Januar die ersten beiden Abteilungen der *Nibelungen* heraus. Im April feierte *Michel Angelo* Premiere, und am 16. und 18. Mai ging die gesamte Nibelungen-Trilogie mit Christine Hebbel als Brunhild und Kriemhild in Szene. Es wurde ein großer Erfolg, der für die Künstlerin und den Dichter den Höhepunkt ihres Wirkens bedeutete.

Der Großherzog hatte beim Kaiser für die Burgschauspielerin einen Gastspiel-Urlaub erwirkt. In Wien sah man das nicht ungern. Für Laube bot sich ein willkommener Anlaß, den Zwist auf die Spitze zu treiben. Doch seine Drohung, Christine Hebbel zu pensionieren, verfing nicht; Dingelstedt schlug vor, das Paar für immer nach Weimar zu holen. Der Hof erwärmte sich für den Plan, der Dichter verbrachte sogar den August 1862 im großherzoglichen Schloß Wilhelmstal als Gast des Fürsten.

Plötzlich jedoch zog Dingelstedt sich zurück. Es folgte eine dunkle Intrige, ein schwer durchschaubares Spiel hinter den Kulissen, aus denen überraschend Karl Gutzkow als neuer Favorit hervortrat. Es tröstete Hebbel nicht, daß die Großherzogin ihren Intendanten einen abscheulichen Kerl nannte; der Dichter kündigte ihm die Freundschaft.

An der Nibelungen-Trilogie hatte er fünf Jahre lang gearbeitet, doch der Plan, das Lied zu dramatisieren, reichte viel weiter zurück. Möglicherweise kannte Friedrich Hebbel die Sage schon in Wesselburen. Während seines ersten Besuchs in Hamburg bei Amalie Schoppe packte ihn das Thema, als er das Lied von Siegfried und Kriemhild im·Garten las. In den dreißiger Jahren war der Stoff en vogue; bis zur Mitte des 18. Jahrhunderts hatte sich niemand um das Lied gekümmert. Der Schweizer Johann Jakob Bodmer edierte 1757 das letzte Drittel und die Klage; die Publikation fand jedoch kaum ein Echo. Um so erstaunlicher war die Rüge, die Friedrich II. von Preußen 1784 einem anderen Herausgeber, Prof. Müller in Berlin, erteilte: «Ihr urteilt viel zu vorteilhaft von den Gedichten aus dem 12., 13. und 14. Saeculo ... Meiner Einsicht nach sind solche nicht einen Schuß Pulver wert ... In meiner Büchersammlung wenigstens würde ich dergleichen elendes Zeug nicht dulden.»[271] Hebbel notierte sich dieses Wort.

Des Königs Verdikt beeinträchtigte das neu erwachte Nationalgefühl der nachnapoleonischen Zeit jedoch keineswegs. Die romantische Vergangenheitsforschung förderte auch das Nibelungenlied wieder zutage, und das wissenschaftliche Interesse erwachte. Friedrich von der Hagen besorgte eine neue Ausgabe, Karl Lachmann entwickelte seine Liedertheorie, und der Streit um die Handschriften A, B und C entbrannte.

Hebbel benutzte die Übersetzungen von Karl Simrock, 1851 bereits in siebter Auflage erschienen, die seine Frau ihm 1852 zu Weihnachten schenkte, und von Ludwig Braunfels, 1846. Außerdem zog er die Edda und die Völsunga-Saga heran, die nordische Fassung der Brunhildsaga, auf die er wahrscheinlich in Gervinus' Literaturgeschichte stieß.

Drei Dichter hatten den Stoff schon bearbeitet: Friedrich Baron de La Motte-Fouqué legte sein Werk «Der Held des Nordens», das sich stark auf die Edda stützt, 1810 vor, und Ernst Raupachs «Nibelungenhort», der, *so elend das Machwerk auch ist* [272], wie Hebbel meinte, nicht unfreundlich aufgenommen wurde, erschien 1834. Noch vernichtender urteilte Hebbel über Emanuel Geibels «Brunhild» (1857), die er für völlig verfehlt hielt. Richard Wagner schrieb 1848 die ersten Szenen seines Musikdramas, schloß den «Ring» aber erst 1874 ab.

Hebbel setzte sich mit seinen drei Vorgängern auseinander, und gerade seine Ablehnung ermöglichte es ihm, sich ebenfalls an dem Thema zu versuchen. Am 23. Januar 1853 sah er seine Frau in Raupachs Stück auf der Bühne, und sein Entschluß stand fest: er wollte sich an den Stoff wagen. Im Oktober 1855 begann er die Arbeit, am 22. März 1860 war die Trilogie zu Ende gebracht.

Nach seinen eigenen Worten ging er nicht blind begeistert an die Aufgabe, sondern befaßte sich gründlich mit Quellen und Sekundärliteratur. Schwer wog für ihn das Urteil von Fr. Th. Vischer, der in seinen «Kritischen Gesängen» davor gewarnt hatte, die Gestalten psychologisch zu deuten.

Zunächst plante Friedrich Hebbel, den gewaltigen Stoff, den er auf keinen Fall kürzen wollte, in zehn Akte einzuteilen. Daraus wurden dann im Fortgang der Arbeit fünf längere und zum Schluß drei Abteilungen: *Der gehörnte Siegfried, Siegfrieds Tod, Kriemhilds Rache.*

Hebbel verfolgte den Zweck, *den dramatischen Gehalt des Nibelungenliedes für die Bühne zu heben ... Ich bin demnach nur das Sprachrohr des alten Dichters.*[273] Er wollte auf dem *mythischen Fundament eine rein menschliche, in allen ihren Motiven natürliche Tragödie* [274] errichten. Das germanische Element sollte sich mit dem christlichen durchdringen *und eine neue Welt* [275] schaffen. Seine hohe Achtung vor dem Dichter des Liedes – Hebbel lehnte die Liedertheorie von Karl Lachmann ab – bezeugte er auch dadurch, daß er sich als *Dolmetscher eines Höheren* [276] bezeichnete und sich mit einem Uhrmacher verglich, *der ein vortreffliches altes Uhrwerk von Spinngeweb und Staub gesäubert und neu eingerichtet hat* [277].

Dennoch veränderte der Dichter seinen Stoff beträchtlich. Er ließ aus, was er nicht brauchen konnte, was sein Werk unnötig aufgebläht hätte: Kriemhilds Jugend, den Königshof zu Xanten, Siegfrieds Eltern, den Krieg mit den Dänen und zahlreiche Nebenpersonen. Er konzentrierte das Geschehen und verkürzte vor allem die dargestellte Zeit. Die Handlung der ersten beiden Abteilungen im Lied umfaßt zwölf Jahre, im Drama nur wenige Monate. Aber auch in diesem Werk motivierte Hebbel die Personen anders, als die Vorlage es tat.

In Brunhild sah er die schwerste Aufgabe, weil sie aus ihrem mythischen Bereich *in das Ganze wie eine nur halb ausgeschriebene Hieroglyphe hineinragt; hier mußte ich auf eine Schöpfung rechnen, und sie ist mir auch zur rechten Zeit gekommen. Dabei erlebte ich einen kleinen Triumph. In meinem Bild flossen Walküre und Norne untrennbar zusammen, und das beängstigte mich, als sich nach dem Rausch die Reflexion wieder einstellte; da fand ich zu meiner Beruhigung in Grimms Deutscher Mythologie, daß man sich Nornen und Walküren auch wirklich in den ältesten Zeiten als vereint gedacht hat.*[278]

Brunhild ist eine Schwester von Judith, Mariamne und Rhodope. Siegfried reißt sie aus ihrem Lebenskreis, der ewigen Nacht des Nordens, zerstört ihren Mythos und vernichtet das Weib, das ihm und dem allein er bestimmt ist. Er mißbraucht die letzte Riesin, um durch sie das Menschenkind Kriemhild zu erlangen:

BRUNHILD: *Ich ward nicht bloß verschmäht,*
Ich ward verschenkt, ich ward wohl gar verhandelt! . . .
Ihm selbst zum Weib zu schlecht,
War ich der Pfennig, der ihm eins verschaffte! . . .
Das ist noch mehr als Mord,
Und dafür will ich Rache! Rache, Rache! (V. 1773 f)

Brunhild erhält ihre Rache, aber es versöhnt sie nicht. Sie lebt weiter wie eine Tote, stiert in die Runen und haust im Grab des Ermordeten, dem sie nachtrauert.

Siegfrieds Frevel ist nicht seine einzige Schuld. Hebbel steigerte seine Wahrheitsliebe und verstärkte seine ahnungslose Aufrichtigkeit. Doch der Held ist nicht nur unbekümmert, edel, tapfer, treu und

Handschrift aus den «Nibelungen»

hilfsbereit, er gibt sich auch übermütig und überheblich. Vor allem aber hat er den Bereich, dem er eigentlich angehört, verlassen: *Siegfried springt über die Grenzen der Natur hinaus und weiß kaum, was er tut, als er sich mit dem Blut des Drachen salbt und sich unverwundbar macht.*[279] Dadurch hat er die Welt der Menschen überwunden, er *betrog den Tod* (V. 223), und Hagen verweigert ihm den Anspruch zu fechten, weil er nicht fallen kann. In dieser *Unerreichbarkeit,* die Siegfried *den Elementen gleichgestellt,* sieht der Tronjer sein Recht auf unehrlichen Kampf begründet. Hebbel: *Er tut ja im Grunde nur dasselbe, was Siegfried getan hat, wenn auch in einer anderen Sphäre und auf eine andere Art.*

Zur Hauptfigur seiner Trilogie machte Hebbel die Schwester der burgundischen Könige. Er motivierte Kriemhilds Rache mit ihrem tiefen Schmerz, der für sie immer noch stärker ist als das grausige Blutbad an Etzels Hof. Erst als Gunther ihre Forderung nach Gerechtigkeit ablehnt, nutzt sie die Chance, sich durch fremde Gewalt zu rächen. *Aus ihrer gänzlichen plan- ja traumlosen Passivität, die so weit geht, daß nicht einmal ihr Kind, der Sohn Siegfrieds, ihr etwas ist, durch Etzels Werbung aufgerüttelt, greift sie nach seiner Hand, weil das mächtigste Schwert der Welt darin blitzt und sucht sie dann Hagen in ihre Gewalt zu bekommen, weil sie nicht daran zweifelt, daß ihre Brüder, die ihn aus Furcht vor seinem Grimm nicht abhielten, Siegfried zu töten, sie aus Furcht vor Etzel auch nicht abhalten werden, Rache an ihm zu nehmen ... Sie irrt sich und muß sich irren, denn Hagen ist kein Übermensch, wie Siegfried es war.*[280]

Als Königin der Hunnen regiert Kriemhild sieben Jahre lang ihr Reich mit milder Hand. Ihre Treue bricht sie nur aus Treue, denn ihr Verlangen nach Rache beherrscht sie noch. Sie fordert Mord um Mord, wie Judith.

Mit Rüdiger, Etzel und vor allem Dietrich von Bern führte der Dichter im dritten Teil *drei neue Hauptcharaktere*[281] ein. Der christliche Vasall steht neben dem Heiden Etzel und beendet das Morden. Er dreht *das große Rad der Welt* (V. 3568) um eine Speiche weiter. Der Umbruch der Zeiten vom Mythos zu dem historisch-sagenhaften germanischen Heidentum, das von einer alttestamentarischen Religiosität überdeckt wird, gipfelt in dem Ausblick auf eine vom sittlichen Kern des Christentums getragene Zukunft, in der es üblich sein wird, *den Feind zu lieben und mit dem Kuß zu danken für den Schlag* (V. 4522). In dieser Hoffnung übergibt der heidnische Hunnenkönig dem Christen die Macht: *Nehmt mir meine Kronen ab / Und schleppt die Welt auf Eurem Rücken weiter* (V. 5454 f). Dietrich von Bern übernimmt die Herrschaft *im Namen dessen, der am Kreuz erblich!*

Dem Kontakt mit Weimar verdankte Friedrich Hebbel außer der glanzvollen *Nibelungen*-Inszenierung und der zerstörten Illusion, dort eine neue Heimat finden zu können, noch ein Drittes: den Vorsatz, einen *Demetrius* zu schreiben. Franz Dingelstedt plante für das Schiller-Jahr 1859 mehrere repräsentative Aufführungen, und der Freund aus Wien war gern bereit, ein neues Drama beizusteuern.

1857 besuchte er in Weimar Schillers Haus. Das Erlebnis erschütterte ihn tief: *Ich konnte meiner Bewegung kaum Meister werden ... Um das zu begreifen, muß ich mich in meine Jugend zurückversetzen, wo Schiller mir über alles ging.*[282] Auch den «Demetrius» kannte Hebbel von Wesselburen her, der Stoff hatte schon den Siebzehnjährigen beschäftigt. Jetzt gab Schillers 100. Geburtstag ihm einen willkommenen Anlaß, den alten Gedanken zu verwirklichen.

Zunächst trug Hebbel sich mit dem Plan, den Torso des Klassikers zu vollenden, ein Unternehmen, das sich in literarischen Kreisen rasch herumsprach und ihm manchen Spott einbrachte. Er ließ den Gedanken aus einem anderen Grund sehr schnell wieder fallen, obwohl er Schillers Fragment bewunderte und *von jeher zu seinem Allerbesten*[283] zählte. Hebbel erkannte, daß er nur die Grundidee übernehmen, *jedoch keinen einzigen Vers davon gebrauchen* konnte. *Er setzt hier wie immer alles voraus und gibt sich nie damit ab, die Wurzeln der Menschen und der Dinge bloßzulegen.* Darin aber sah Hebbel seine Aufgabe, er wollte *ein historisches Bild des ungeheuren Slawenreiches geben*[284] und die Personen aus diesem Boden entwickeln: *Das Drama schöpft seine eigentliche Kraft aus den Zuständen, und Charaktere, die nicht im Volksboden wurzeln, sind Topfgewächse. Darum möchte ich möglichst viele Adern der großen slawischen Welt in mein Stück hinüberleiten und werde es nicht rascher abschließen als ich muß, um jeder Quelle, die etwa noch unter der Erde sprudelt, Zeit zu vergönnen, hervorzustürzen und meinen kleinen Strom mitschwellen zu helfen.*[285]

Nie zuvor hatte sich der Dichter so eingehend mit Vorlagen beschäftigt. Die russisch-polnische Welt bedeutete für ihn *ein Graus. Goldne Nachtgeschirre und irdene Mundtassen, Tressen am Hut und Taschentücher, die man nicht mit der Feuerzange anfassen würde.*[286]

Aus Nikolaj M. Karamsins elfbändiger «Geschichte des russischen Reiches», 1820 bis 1833 erschienen, schöpfte er sein Wissen. Diesem Werk entnahm er vor allem die Auskünfte über den Staat und das offizielle Rußland, während er den Bereich des Demetrius einem ganz anderen Buch verdankt, das er nie erwähnt hat: der historischen Erzählung «Der falsche Demetrius» des Franzosen Prosper Mérimée. Mérimée und Karamsin unterscheiden sich grundsätzlich in ihrem Urteil über Demetrius. Für den russischen Historiker war er ein entlaufener Geistlicher, ein Betrüger, der als Werkzeug göttlicher Rache an dem blutbefleckten, grausamen Boris Godunow die Vergeltung vollzieht.

Mérimée hielt ihn für einen Polen, der bei den Kosaken das militärische Handwerk erlernte. Wichtiger aber ist, daß der Franzose ihn als einen Jüngling mit fortschrittlichen sozialen Ideen schilderte, der sich in den Fallstricken einer konservativen Adelsclique verfing.

Außerdem kannte Hebbel Schillers nachgelassenes Szenarium, also auch die Pläne und Aufzeichnungen. Und er übernahm mehr als nur den Grundgedanken Schillers, er dichtete ein Sendomir-Vorspiel, das sich wie die Ausführung von Schillers geplantem Sambor-Akt liest.

Christian Gottfried Körner veröffentlichte 1815 in seiner zwölf-

Um 1860

bändigen Schiller-Ausgabe außer dem ersten und zweiten Aufzug bis zu Marfas Monolog auch eine Inhaltsangabe der folgenden Szenen. 1840 gab Karl Hoffmeister «Supplemente zu Schillers Werken» in vier Bänden heraus und druckte die nicht ausgeführten Notizen zu «Demetrius». Die Ausgabe erschien 1858 abermals unter dem Titel «Nachlese zu Schillers Werken nebst Variantensammlung». Danach plante Schiller als erste Hauptstation seines Helden Sambor in Galizien. Er entwarf die Handlung sogar im einzelnen und zeichnete ein Bild des Helden, das dem Charakter, wie Hebbel ihn in seinem Vorspiel darstellte, sehr ähnlich ist. Seine Position am Hofe des Woiwoden, seine Einsamkeit, die aufbrechende Liebe zu Marina, Mniczecks Zuneigung, der Mord, Demetrius' Entdeckung und seine spontane Bereitschaft, das Amt anzutreten, sind Züge, die Schiller vorprägte und skizzierte.

1842 erschien Hoffmeisters fünfbändige Schiller-Biographie, in der sich neue Hinweise auf die Demetrius-Fragmente und auf die Supplement-Ausgabe finden. Auch die Schriftsteller, die Schillers Torso fortsetzten, hielten sich an das von Hoffmeister vorgelegte Material und wiesen ausdrücklich darauf hin.

Deshalb verwundert es nicht, daß in Hebbels Tagebuch bereits unter dem 10. Februar 1849 eine Notiz steht, die in nuce den Inhalt der Sambor-Szene wiedergibt: *Ein Prinz, der nicht weiß, daß er es ist, der in der Verborgenheit erzogen wird, in der Wut einen Mord begeht und nun, da das Gesetz ihn packen will, da er selbst auch damit übereinstimmt, plötzlich erfährt, daß er über dem Gesetz steht; so wie auch diejenigen es erfahren, die ihn packen wollen.*[287]

Gegenüber den drei Hauptquellen Karamsin, Mérimée und Schiller treten die zahlreichen Bearbeitungen, die schon vorlagen, zurück. Franz Freiherr von Maltitz, Gustav Kühne, Friedrich Bodenstedt und Otto Friedrich Gruppe schrieben Schillers Fragment zu Ende. In der Anlage der Handlung und der Lösung des Konflikts ähneln sie sich sehr. Alle lassen Demetrius trotz seiner Unrechtmäßigkeit den Zarenthron behaupten.

In dem Stück von Herman Grimm treten sogar zwei Demetrii auf. Carl Niedmann verfaßte eine Novelle, in der Demetrius und Lodoiska ihr Leben in zärtlicher Liebe in einem kleinen Fischerdorf auf der Krim beschließen. Eduard Gehe und Friedrich Lubojatzky versuchten den Stoff ebenfalls episch zu bewältigen. Möglicherweise kannte Hebbel auch die einzige russische Bearbeitung von Alexander S. Puschkin, dessen Drama «Boris Godunow» in sechs Übersetzungen vorlag.

Wichtiger wurde dagegen der Roman «Die Fürstin der siebenten Werst» von A. Th. von Grimm, den Hebbel lobend rezensierte und Carolyne von Sayn-Wittgenstein ausdrücklich empfahl. Der Dichter konnte für sein Werk sogar persönliche Anschauungen verwerten. Emil Kuh regte eine Reise nach Krakau an, Hebbel griff den Plan begeistert auf, und im September 1858 fuhren beide nach Polen, ohne jedoch, was Hebbel sehr bedauerte, einen Fuß nach Rußland hin-

Handschrift aus dem «Demetrius»

ein setzen zu dürfen. Die Stadt mit ihrem Dom und der Palast der Jagellonen hätten ihn sehr beeindruckt, schrieb er an Marie von Sayn-Wittgenstein; in der Königsgruft habe er sich mehrere Stunden aufgehalten und sogar an seinem Drama gearbeitet.

Gleich nach der Rückkehr aus Polen entstand der erste Akt. Zweifellos beflügelte die Reise die Arbeit und bestärkte den Autor in seiner Ansicht von der slawischen Welt. Hebbel wünschte während der Fahrt sehr, einmal Kosaken zu sehen. Angehörige des Reitervolks kämpfen im Heer des Demetrius und führen Marfa in das Lager des Zaren. Otrepiep ist Hetman der Saporogischen Kosaken, die Hebbel bei Mérimée ausführlich geschildert fand. Der Dichter ließ vor allem Otrepiep aus diesem «Volksboden» hervorgehen.

Über die russische Welt mit ihren fremden Bräuchen kann Marina nur spotten. Als sie den Krönungsschmuck erblickt, vor allem die riesigen Stiefel und den Kopfputz, fällt sie fast in Ohnmacht. Das große Festmahl im Kloster illustriert die Lust der Russen am Essen:

MARINA: *Erst kam ein Suppennapf,*
In dem die ganze Pflanzenwelt des Reichs
Beisammen war, groß, wie ein Teich, und höchst
Solid, nur daß die Rettungsleiter fehlte . . .
Und daß ich auch den Taucher nirgends sah . . .
Ich hab' botanisiert . . . (V. 2435 f)

Hebbel verwertete auch den Bericht, daß Iwan der Schreckliche seinen Sohn in einem Zornanfall mit eigener Hand erschlug. Er übernahm den Reliquienglauben des Volkes, den sagenhaften Reichtum des Zarenhofes, die Verschlagenheit der Bojaren, die mit Unterwürfigkeit gemischt ist, und den Andreastag, der in der Bauernbefreiung eine Zäsur setzte, um mit diesen Zügen den Nationalcharakter des russischen Volkes einzufangen und die Zustände im Reich zu schildern.

Im Gegensatz zu seinen Quellen gab Hebbel seinem Demetrius «zwei Mütter». Marfa tritt in den Vorlagen kaum hervor. Sie suchte in den Wirren ihren eigenen Vorteil, verbündete sich mit ihrem angeblichen Sohn, den sie als Fremden erkannte, und kehrte während seiner kurzen Herrschaft aus ihrem Kloster in ein prunkvolles Leben im Kreml zurück. Auf den Dramatiker übte diese untragische Gestalt keinen Reiz aus: *Sie muß mit Bewußtsein eine Rolle gespielt haben,* urteilte er, *und diese Rolle raubte ihr die tragische Würde, deren sie als Achse des ganzen notwendig bedarf.*[288]

Deshalb zeichnete Hebbel Marfa als eine ganz von der Liebe zu ihrem ermordeten Kind erfüllte Frau. Sie erkennt, daß ein Fremder um ihren Segen bittet, verweigert ihn aber nicht, weil sie Demetrius für edel hält. Doch Marfa sollte dem Zaren offenbar zum Verhängnis werden. Hebbel notierte sich für den Schluß: *Marfa erscheint in höchster Liebe für Demetrius, ihn zu retten, dies führt seinen Tod herbei.*[289]

Barbara, seine leibliche Mutter, ist eine Figur des Dichters. In den Quellen spielt sie eine Nebenrolle, in Hebbels Drama stürzt sie ihren Sohn ins Verderben, weil sie ihm seine wirkliche Herkunft – er ist ein Bastard des Zaren – offenbart. Zur selben Stunde wie die Zarin hat auch sie, die Kammerzofe, ein Kind geboren, einen Jungen, dessen Vater der Zar ist. Sie sollte ihn nach dem Plan der Kirche mit dem echten Zarewitsch vertauschen. Doch Barbara betrog die Betrüger und übergab dem Auftraggeber ihr eigenes Kind. Die Kirche erzog unwissend den falschen Nachkommen. Barbara allein kann diesen Betrug klären; sie tut es, weil ihre Mutterliebe und ihr Stolz sie verführen und weil sie die politische Lage nicht überschaut. Ihr Wort vernichtet ihren Sohn.

Auch Otrepiep, der entlaufene Mönch und Mörder, der in seinem extremen Egoismus das Böse um des Bösen willen tut, weil er Gouverneur von Astrachan werden will, weiß nichts von Barbaras scheinbarem Tausch. In den Quellen tritt er als Trunkenbold und Wüstling auf, bei Hebbel als Königsmacher und Werkzeug der Kirche.

Die Intrige der geistlichen Macht fügte Hebbel dem Stoff ebenfalls selbständig hinzu. Um den legitimen Nachfolger Iwans präsentieren zu können, fädelte der Legat das Spiel ein. Er verfolgt nur ein Ziel: den Stuhl Petri in Rom. Als Papst will er erreichen, daß Demetrius *das heil'ge Werk, das tausendmal mißlungen* (V. 484), vollendet: Er will *durch ihn das Schisma tilgen . . . / Das Morgenland und Abendland gespalten* (V. 514), und die Welt einem goldenen Zeitalter entgegenführen:

> *Die Erde*
> *Wird jubeln, wie bei der Geburt des Herrn,*
> *Wenn's endlich wieder Eine Kirche gibt,*
> *Wie Eine Welt, und wenn zum Liebesmahl*
> *Das ganze menschliche Geschlecht erscheint* (V. 2719 f).

Die Worte erinnern sehr an Hebbels Prolog von 1862. Mit dieser Konzeption steht er allein unter allen Bearbeitern des Demetrius-Stoffes. Seine Idee, in dem Zaren den Künder einer neuen Welt darzustellen, entspricht jedoch der Thematik seiner früheren Dramen.

Demetrius gestaltete der Dichter ganz anders als Karamsin. Für den russischen Historiker bestand kein Zweifel, daß der Usurpator als ein wissender Betrüger den Zarenthron usurpierte. Mérimées Deutung beeinflußte Hebbel stärker. Der Franzose sah in ihm einen großen Reformer, dessen Stern strahlend am Himmel des rückständigen Riesenreiches aufging. Doch er hinterließ keine Spuren, weil sein Glück ihn blind machte für die Gefahren, deren Größe er in jugendlichem Elan und Eigendünkel geringachtete. Deshalb scheiterte er an der Immobilität des konservativen Adels.

Auch der Demetrius des Dramas tritt stolz und unnahbar auf. Er verschließt sich seinen Mitmenschen, übernimmt aber sofort die Aufgabe, den Zarenthron zu erobern, als eine heilige Pflicht. Aus ihm spricht eine Art, die manchem Monarchen fehlt. Dennoch ist er kein geborener Herrscher. Als Zar verfolgt er nur gute Zwecke, weil ihm die politische Klugheit fehlt. Auf der staatlichen Ebene schwankt er unentschlossen, zeigt sich unerfahren und steht den Problemen hilflos gegenüber, ja, er begeht unverzeihliche Fehler, indem er Otrepiep begnadigt und den Bojaren Schuiskoi vor den Kopf stößt.

Demetrius steht zwischen der völlig unpolitischen Marina und dem Staatsmann Mniczeck. Diese Komposition entspricht den übrigen Dramen. Die naive und unerfahrene Tochter des Woiwoden weckt seine leidenschaftliche Liebe, ohne daß sie es merkt. Sie geht durch das Drama als ein verspieltes Kind und ändert sich auch nicht, jedenfalls nicht in den vollendeten Szenen. Leichtfertig behandelt sie einen der angesehensten Bojaren und macht sich lustig über die Sitten des Volkes, das sie beherrschen soll. Doch es scheint, als habe Hebbel beabsichtigt, sie zum Bewußtsein ihrer Aufgabe zu führen. Die nachgelassenen Skizzen enthalten eine Notiz über den Kampf des Demetrius mit den anstürmenden Verschwörern. *Marina: Brav. Dem. Demetrius: Liebst Du mich? Marina: Von heute an.*[290]

Ihr Vater Mniczeck ist der einzige Politiker von Format im Stab

Hebbels letzte Brieftasche

des Demetrius. Die Quellen schildern ihn als einen Vabanquespieler und Bankrotteur, der unter der Last seiner Schulden zusammenbricht und die Gelegenheit ergreift, sich mit Hilfe des Demetrius aus seiner fatalen Lage zu befreien. Er stellt sich nur deshalb auf dessen Seite, um durch die Dankbarkeit des Zaren seinem Ruin zu entrinnen. Bevor er sich einsetzt, läßt er sich und seiner Tochter in schriftlichen Verträgen je zwei Fürstentümer versprechen und verpflichtet Demetrius, Marina zur Zarin zu machen.

Im Drama hält Mniczeck alle Fäden in der Hand. Als der eigentliche politische Kopf ist er der Regent. Er handelt pragmatisch und richtet seine Aktionen nach dem Gesichtspunkt staatlicher Notwendigkeit. Trotzdem hält er in strenger Loyalität zum Zaren, dessen wirkliche Herkunft ihm nicht verborgen bleibt.

Mniczeck bringt den resignierenden Demetrius dazu, den Thron zu behaupten, indem er ihn an seine Pflichten gegen seine Freunde und an die Aufgabe, die noch vor ihm liegt, erinnert:

> *Bist Du nicht*
> *Der letzte Träger eines großen Stamms,*
> *So sei der erste eines größeren.*
> *Was hindert Dich denn noch, ein neues Haus*
> *Zu gründen ...*
> *Und Vater eines stolzeren Geschlechts*
> *Zu werden, als es Rurik jemals war?*
> *Erwerben ist unendlich mehr als erben,*
> *Und dem Erob'rer beugt die Welt sich gern* (V. 3000 f).

Kurz vorher hat Gregor dem zögernden Zaren die Vision vorgegaukelt, als Heiland einer einigen Welt in die Geschichte einzugehen. Aber Demetrius schwankt. Hebbel plante möglicherweise, seinen Helden schließlich diese Aufgabe bejahen zu lassen. Die religiös und kulturell zerrissene slawische Welt wäre dann als die untergehende Epoche zu deuten, die geeinte neue Welt als die glückliche Zukunft.

Doch alle Spekulationen über den Schluß verbieten sich. Die abgeschlossenen Werke zeigen, welche Bedeutung gerade den letzten Szenen in Hebbels Tragödien zufällt. Er selbst meinte, daß es unzulässig sei, ein Fragment zu vollenden, weil man nicht dort fortfahren könne zu dichten, wo ein anderer abbrechen mußte. Ludwig Goldhann, Finanzbeamter mit schriftstellerischer Neigung, Briefpartner des Dichters, unternahm den Versuch dennoch und schrieb einen Schluß. In dieser Fassung wurde das Demetrius-Drama 1869 in Berlin aufgeführt. Es hatte keinen Erfolg.

Mitten im Satz bricht die Handschrift ab. Am 31. Juli 1858 hatte Hebbel die Arbeit begonnen, die überraschend schnell fortschritt. Noch im selben Jahr, am 13. Dezember, schloß er den zweiten Aufzug ab. Dann ruhte das Werk. Doch im Januar 1859 stand er *auf der Höhe des dritten Aktes und die letzten zwei sind bei mir immer bloße Tigersprünge, denen ihre Beute gewiß ist ... Auch glaube ich*

Das Haus, in dem Hebbel starb

nicht, daß das Stück mich nun noch wieder losläßt.[291] Der Dichter
irrte sich.

Bis zum Oktober 1863 stockte die Arbeit. Dann begann *der poetische Geist* [292] *sich wieder in ihm zu regen; es entstanden andert-
halb Akte des «Demetrius», obgleich ich, durch Rheumatismus verhindert, kaum imstande war, sie niederzuschreiben, und wenn es so
fort geht, darf ich hoffen, das Stück im Winter unter Dach und Fach
zu bringen.*

Hebbel irrte sich abermals. Es blieb seine letzte Eintragung im Tagebuch, datiert vom 25. Oktober 1863. Er vollendete im November im Krankenbett nur noch den vierten Akt seiner Tragödie.

Schon im März, zwei Tage vor seinem Geburtstag, hatte er sich mit Seitenstichen, Rückenschmerzen und heftigem Fieber hinlegen müssen. Das alte Leiden, das er Rheumatismus oder Gicht nannte und das sich wohl in den entbehrungsreichen Jahren in seinem Körper einnistete, befiel ihn wieder. 1837, als er in München studierte, hatte es sich zum erstenmal eingestellt. In Kopenhagen litt Hebbel sehr darunter, während es in den folgenden Jahren, in Frankreich und Italien, geheilt zu sein schien. Doch in Wien trat es erneut auf, und im Juni 1859 zwang ein heftiger Anfall im rechten Fuß ihn in ärztliche Behandlung. Damals äußerte Hebbel, daß er *nie wieder gesund werden würde ... weil ich wohl leider auf die Wiederkehr des Zustandes rechnen muß* [293].

Nachdem sich das Übel Ende März 1863 zunächst gebessert hatte, warf ihn ein Rückfall erneut nieder. Er versuchte es mit schwefelhaltigen Dampfbädern zu kurieren; ein befriedigender Erfolg blieb jedoch aus.

Heinrich Laube, der alte Widersacher, begegnete dem Kranken eines Tages auf der Straße, als dieser gerade aus dem Bad kam: «Ich sehe ihn noch ... auf dem Glacis vor dem Schottentore, wie er eilig daherkam in seinem wiegenden, halb fallenden Gange und mit der schwankenden Neigung des Kopfes und der Arme gleichsam ruderte. Ich wußte nichts von seinem Kranksein und wollte nur vorübergehend fragen: ‹Wie geht's?› Er aber blieb trotz des Windes stehen und machte mit seinem hellblonden Haupte, mit dem weißroten Angesicht und mit den großen himmelblauen Augen die ihm eigene Einleitung durch Neigen und Wimperstarren, welche ein schweres Wort anzukündigen pflegte. Das Wort lautete, er werde von Schmerzen geplagt ... Aber seinem Naturell gemäß, welches Mut und Unerschrockenheit grundsätzlich auf den Hut steckte, setzte er hinzu: ‹Wir werden den widerspenstigen Leib zur Räson bringen!›» [294]

Die Hoffnung auf seine eigene Zukunft trog den Dichter: Am 13. Dezember 1863 starb Friedrich Hebbel.

Anmerkungen

Friedrich Hebbels Werke werden nach der historisch-kritischen Ausgabe von Richard Maria Werner zitiert in der üblichen Abkürzung: W = Werke, B = Briefe mit römischer Band- und arabischer Seitenzählung; T = Tagebücher mit römischer Bandangabe und den Nummern der Wernerschen Zählung. Hebbels Orthographie wurde modernisiert. Mehrere Zitate stehen stets unter der zuletzt angegebenen Anmerkung.

1 B III, 279
2 B III, 283
3 B III, 282
4 B III, 283
5 E. Kuh: «Biographie». Wien 1877. Bd. II, 229
6 P. Bornstein (Hg.): «Hebbels Persönlichkeit». Berlin 1924. Bd. I, 189 f
7 B III, 291 f
8 Ebd.
9 T III, 3874
10 S. Anm. 5
11 Kuh, Bd. II, 227
12 Kuh, Bd. II, 230
13 B III, 339
14 B III, 301
15 B VIII, 36
16 W VIII, 87
17 B VIII, 33
18 B V, 41
19 T I, 1323
20 W VIII, 82
21 T I, 1295
22 W VIII, 88
23 W VIII, 107
24 B I, 188
25 B I, 129
26 T II, 5300
27 B II, 43
28 W. Liepe: «Beiträge zur Literatur und Geistesgeschichte». Neumünster 1963. 356 f
29 B V, 42
30 T II, 2197
31 T III, 4889
32 B I, 373
33 B I, 269
34 B VIII, 17
35 B V, 42
36 B I, 25
37 T I, 747
38 B I, 224
39 B VII, 293
40 B I, 25
41 B V, 44
42 B I, 380
43 B I, 22
44 T I, 57, 594
45 B II, 44 f
46 T I, 1
47 H. Stolte: «Amalie Schoppe». In: «Hebbel-Jb.» 1963, 176
48 B II, 75
49 T IV, 5637
50 T I, 31
51 B III, 314
52 B II, 52
53 B I, 54
54 B I, 105
55 B I, 63 f
56 W VI, 143
57 B I, 215
58 T I, 136
59 T I, 913
60 W VI, 235
61 W X, 416
62 B VIII, 19
63 T I, 1579
64 B I, 81
65 B I, 99
66 B I, 326
67 B I, 102
68 B I, 217
69 B I, 149
70 T I, 1317
71 B I, 213
72 B I, 191
73 B I, 193
74 T I, 748
75 B V, 46
76 B I, 166
77 B I, 412
78 Kuh, Bd. I, 357 f
79 B VI, 80
80 B I, 158
81 T II, 2294
82 T II, 2303
83 T I, 156
84 T II, 2085

85 T II, 2200
86 T II, 2679
87 T II, 2116
88 T II, 2040
89 T II, 2280
90 T II, 3031
91 T I, 484
92 B I, 234
93 T I, 842
94 B I, 128 f
95 B I, 138
96 B I, 286
97 W XII, 232
98 T I, 859
99 T I, 689
100 W VI, 315
101 B IV, 124
102 B III, 348
103 B I, 176
104 B VII, 342
105 B I, 211
106 T II, 2486
107 T II, 2300
108 T III, 3453
109 B I, 105
110 B VII, 217
111 W XI, 47 f
112 B I, 121
113 B I, 202
114 B III, 291
115 B I, 144
116 T II, 2099
117 B I, 145
118 B I, 215 f
119 T I, 1011
120 T II, 1872
121 B II, 87
122 T II, 1989
123 W I, 410
124 T II, 2133
125 T I, 1475
126 B VI, 143
127 B VI, 142
128 B IV, 258
129 B I, 278
130 W I, 374
131 W X, 367
132 T II, 2393
133 B VIII, 118
134 T II, 2444
135 T II, 2464
136 T II, 2574
137 B II, 152 f
138 B II, 183

139 B II, 223
140 B II, 187
141 B II, 184
142 T II, 2627
143 B II, 233
144 B II, 227
145 T II, 2671
146 T II, 3241
147 W VI, 372
148 B III, 73 f
149 B IV, 97
150 B II, 333
151 B III, 106
152 T I, 1517
153 B III, 38
154 B VII, 303
155 B VIII, 46
156 B VII, 68
157 B II, 348
158 B II, 342 f
159 B II, 348
160 B II, 342 f
161 B II, 348
162 T II, 3003
163 Laube, Ges. Werke Bd. 30, 51 f
164 W X, 23
165 W X, 44
166 B III, 167
167 T III, 3277
168 B III, 255
169 W VI, 336
170 T III, 3425
171 B VIII, 45
172 B III, 298
173 B III, 319
174 T III, 3874
175 B III, 319
176 Bornstein, Bd. I, 195
177 Bornstein, Bd. I, 425
178 T II, 1933
179 B III, 306
180 B III, 338
181 R. Kardel (Hg.): «Elise Len-
    sing». Berlin 1928. 145 f
182 B V, 202
183 B VI, 254
184 T III, 4481
185 T III, 4774
186 T III, 5036
187 T IV, 5537
188 B V, 264
189 T III, 3864
190 B III, 347
191 W II, 379

192 T III, 4746
193 B IV, 7
194 B IV, 41
195 W II, 379
196 W VI, 357
197 B V, 55
198 B IV, 7
199 W II, 396
200 W II, 192 f
201 B IV, 160
202 B IV, 71
203 B IV, 125
204 B VIII, 47
205 B VIII, 42
206 B V, 6
207 B VIII, 47
208 B V, 55
209 T II, 2578
210 T II, 2634
211 W XI, 31
212 T II, 3158
213 T II, 3168
214 W VI, 320
215 T III, 3751
216 W VI, 301 f
217 B V, 313
218 W XI, 9
219 B VI, 72 f
220 B VII, 217
221 W VI, 366
222 B VIII, 60 f
223 W XII, 328
224 Bornstein, Bd. I, 228
225 B IV, 132
226 W X, 82
227 W X, 62
228 W X, 99
229 B IV, 143
230 W X, 139
231 B IV, 136
232 B IV, 72 f
233 T III, 4334
234 W XI, 259
235 W XI, 253
236 B I, 163
237 B VII, 266
238 B VI, 9
239 T III, 4334
240 T I, 442
241 W XI, 303
242 W III, Vorwort, S. XXII
243 B IV, 260
244 B V, 67

245 B VI, 74
246 Bornstein, Bd. I, 185
247 D. Kralik und F. Lemmermeyer:
    «Neue Hebbel-Dokumente».
    Berlin–Leipzig 1913. 146
248 B VII, 104
249 B V, 181
250 Bornstein, Bd. II, 44
251 B IV, 333
252 B IV, 358
253 B IV, 344
254 T III, 3286
255 B V, 12
256 W III, 157
257 B IV, 349 f
258 B VI, 60
259 B VI, 42
260 T III, 5076
261 W VI, 306
262 B III, 354
263 T IV, 6089
264 W VI, 420 f
265 Pierer, Bd. 13, Sp. 185
266 B V, 204
267 B VI, 14
268 B VII, 85
269 B VI, 235
270 B VI, 158
271 T IV, 5364
272 B III, 319
273 B VII, 163
274 T IV, 5933
275 B VI, 193
276 B VII, 31
277 B VII, 56
278 B V, 349 f
279 B VI, 298
280 B VI, 299
281 B VI, 312
282 B VI, 34 f
283 B VI, 204
284 B VI, 207
285 B VI, 233 f
286 B VII, 299
287 T III, 4566
288 B VI, 224
289 W VI, 462
290 W VI, 462
291 B VI, 231
292 T IV, 6176
293 T IV, 5777
294 Laube, Ausgew. Werke, Bd. V,
    56

Zeittafel

1813   18. März: Christian Friedrich Hebbel in Wesselburen/Dithmarschen geboren. Vater: Maurer Claus Friedrich, Mutter: Antje Margaretha, geb. Schubart

1817   Klippschule der Jungfer Susanna. Christine Engehausen in Braunschweig geboren

1819   Volksschule. Lehrer: Franz Christian Dethlefsen

1827   Tod des Vaters. Hebbel als Schreiber beim Kirchspielvogt Mohr tätig

1835   14. Februar: Reise nach Hamburg, Unterstützung durch Amalie Schoppe, Freundschaft mit Elise Lensing (geb. 1804). 23. März: Beginn des Tagebuchs

1836   Jurastudium in Heidelberg, Freundschaft mit Emil Rousseau. Gedichte (u. a. *Nachtlied*), Erzählungen (*Anna*). Fußmarsch über Straßburg, Tübingen (Besuch bei Uhland) nach München, Wohnung bei Tischlermeister Anton Schwarz, Liebesverhältnis zu dessen Tochter Josepha (Beppi)

1838   Tod der Mutter und des Freundes Rousseau

1839   Fußwanderung (11.–31. März) über Göttingen nach Hamburg. Mitarbeit am «Telegraph» (Herausgeber Karl Gutzkow). 2. Oktober: Beginn der *Judith*

1840   28. Januar: *Judith* vollendet, Uraufführung in Berlin am 6. Juli (Auguste Stich-Crelinger). Flirt mit Emma Schröder. 13. September: Beginn der *Genoveva*. 5. November: Sohn Max geboren

1841   1. März: *Genoveva* beendet, *Judith* erscheint am 4. Juli bei Campe, *Der Diamant* (fertig am 29. November) in Berlin eingereicht. Novelle: *Matteo*

1842   Brand von Hamburg (5.–8. Mai). Im Juli Erstausgabe der Gedichte, *Genoveva* gedruckt. 12. November: Reise nach Kopenhagen. 13. Dezember: Erste Audienz bei König Christian VIII.

1843   Zweijähriges Reisestipendium (600 Taler). Erkrankung an Rheumatismus. *Maria Magdalena* am 10. März begonnen. Bekanntschaft mit Adam Oehlenschläger und Bertel Thorvaldsen. 27. April: Rückkehr nach Hamburg, literarischer Streit mit Heiberg: *Mein Wort über das Drama*. 8. September: Seereise Hamburg–Le Havre. 28. September: Paris. Bekanntschaft mit Dr. Felix Bamberg, Heinrich Heine, Arnold Ruge. 2. Oktober: Sohn Max gestorben. 4. Dezember: *Maria Magdalena* abgeschlossen. Beginn der Lösung von Elise Lensing

1844   Hebbels zweiter Sohn Ernst am 14. Mai geboren. Im September erscheint *Maria Magdalena* mit Vorwort. Promotion in Erlangen. 26. September–3. Oktober: Reise Paris–Rom. Bekanntschaft mit L. Gurlitt und K. Rahl

1845   Abstecher nach Neapel 19. Juni–8. Oktober. Arbeit am *Moloch*, Gedichte, Epigramme. Weitere Entfremdung von Elise Lensing. 29. Oktober–4. November: Reise nach Wien über Ancona, Triest. *Julia* begonnen. Das «Wunder» von Wien: die Barone Zerboni und Burgschauspielerin Christine Enghaus

1846   26. Mai: Heirat. Bruch mit Elise Lensing. Am 12. September *Ein Trauerspiel in Sizilien* begonnen

1847   *Trauerspiel* abgeschlossen. Am 23. Februar Arbeit an *Herodes und Mariamne*. Elise Lensing in Wien. Gastspielreisen mit seiner Frau nach Berlin, Graz, Leipzig, Dresden. 23. Oktober: *Julia* vollendet. *Neue Gedichte* bei J. J. Weber, Leipzig, erschienen. 25. Dezember: Tochter Titi geboren (gest. 1921)

1848	Wandel durch die Revolution begünstigt Hebbels Werke auf der Bühne. Korrespondent der «Augsburger Allgemeinen Zeitung». Deputation an Kaiser Ferdinand (26. Mai–8. Juni). Kandidatur für die Frankfurter Nationalversammlung, Rückkehr Elise Lensings mit Hebbels Stiefsohn Karl nach Hamburg. 14. November: *Herodes und Mariamne* abgeschlossen
1849	*Der Rubin* (1. April–19. Mai). 19. April: Uraufführung *Herodes und Mariamne* mit Christine Hebbel am Burgtheater. *Schnock*. Freundschaft mit Emil Kuh
1850	Heinrich Laube Direktor der Burg. *Herodes und Mariamne* erscheint. Reisen nach Agram und Hamburg. *Michel Angelo*
1851	*Nachspiel* zur *Genoveva*. *Julia* erscheint mit Polemik gegen J. Schmidt. *Agnes Bernauer* (22. September–24. Dezember)
1852	Aufenthalt in München anläßlich der Uraufführung der *Agnes Bernauer* durch Franz Dingelstedt. Reise nach Italien
1853	Juli: Reise nach Hamburg mit Abstecher nach Helgoland. Im Dezember Arbeit an *Gyges und sein Ring*
1854	*Genoveva* als *Magellona* von Laube inszeniert. Juli–August: Kur in Marienbad. Bekanntschaft mit Friedrich Uechtritz. 14. November: *Gyges und sein Ring* beendet. 18. November: Tod Elise Lensings
1855	Hauskauf in Gmunden. Oktober: *Nibelungen* begonnen. Erzählungen und Novellen. *Michel Angelo* erscheint
1856	*Mutter und Kind* am 9. Februar begonnen
1857	20. März: *Mutter und Kind* abgeschlossen. Besuch bei Arthur Schopenhauer und Eduard Mörike
1858	Juni–Juli: Reise nach Weimar, Bekanntschaft mit der Fürstin Carolyne von Sayn-Wittgenstein. *Demetrius* begonnen
1860	Bruch mit Emil Kuh. 22. März: *Nibelungen* beendet. Reise nach Paris
1861	31. Januar und 16./18. Mai: *Nibelungen* mit Christine Hebbel in Weimar aufgeführt. Plan, nach dort zu übersiedeln
1862	*Nibelungen* gedruckt. Reise nach London. Intrige am Hof in Weimar. Hebbel gibt den Plan auf, nach Weimar zu gehen
1863	16. März: Erkrankung. September: Kur in Baden bei Wien. Oktober: Arbeit am *Demetrius*. Hebbel stirbt am 13. Dezember

Zeugnisse

HEINRICH LAUBE

Nun, diese erste Inszenierung eines Hebbelschen Stücks wurde für mich eine aufklärende Offenbarung über seine Schöpfungsart. Ich erkannte zum erstenmal deutlich, daß seine Stücke aus einem tiefen Grund der Szene fremd sind, daß Hebbel... gar keine plastische Phantasie besitzt... Hebbels Stücke sind zusammen g e d a c h t, sie sind von einem begabten, dichtenden D e n k e r niedergeschrieben, nicht aber von einem Dichter, der ein Künstler ist.

Das Burgtheater. 1868

KARL ALEXANDER, GROSSHERZOG VON SACHSEN-WEIMAR

Il y a du Michelange dans cet homme. [Es steckt etwas von Michelangelo in diesem Menschen.]

Tagebuch. 1861

HEINRICH TREITSCHKE

Hebbel erscheint als der Sohn einer aufstrebenden Zeit, welche neue Ideale zu gestalten suchte... Der Dichter experimentierte, er tastete umher nach einem Kunstwerk der Zukunft... Er haßt die Phrase... aber bei aller realistischen Anschaulichkeit im einzelnen läßt das Ganze oft kalt, erscheint als gemacht und geklügelt.

Aufsätze. 1860

FRANZ MEHRING

...es wird sich nichts dagegen einwenden lassen, daß die zweite Hälfte des Jahrhunderts kein dichterisches Ingenium gesehen hat, das sich mit Hebbel vergleichen ließe. An Größe und Kühnheit des dichterischen Schaffens übertrifft er sie alle... Es ist nun freilich wunderbar, daß dieser größte Dichter des «silbernen Zeitalters» niemals zu der Anerkennung gelangt ist, die er verdiente...

Literarische Streifzüge. 1900

GERHART HAUPTMANN

Blätter aus Glas, Bilder darauf, wie mit dem Diamanten geritzt. Farbige Scheiben, Prismen, sparsam, von einer barbarischen Schönheit blitzend: Härte. Menschengebilde ohne Plastik, durchsichtig existierend. Eingefügt in eine mathematische Architektur. Hieroglyphen einer Seherhand darunter, Runen. Alles in allem etwas Wildes, Mächtiges, in dieser Art Wunderbares, Barbarisch-Ungebrochenes. Das ganze fühlte sich eiskalt an. Es ist ein eiskaltes Feuer im Material des Gebildes. Besser: Man unterscheidet nicht, ob Weißglut oder Weltraumkälte. Die Leidenschaften sind tief verhalten, wie Tiger in Käfigen unter der Erde. Wußte Hebbel, daß auch diese Kämpfe nur Liebeskämpfe sind? Liebesausdruck, wollte ich sagen. Medium der Vereinigung.

Tagebuch. 1903

JOACHIM MÜLLER

Hebbel wußte um die Notwendigkeit einer Gesellschaftsrevolution ... und in solcher Erkenntnis war er auch gar nicht weit von Karl Marx entfernt. Er stand zweifellos näher beim dialektischen Materialismus als bei der idealistischen Dialektik Hegels, kam aber nicht ohne idealistische Züge aus, was sein Weltbild objektiv widerspruchsvoll macht, so konsequent es als Ausdruck eines großartigen denkerischen Ringens ist.

Hebbels Weltbild. 1955

Bibliographie

Die Hebbel-Literatur ist nur noch schwer zu überschauen. Die Bibliographie beschränkt sich daher bewußt auf neuere Werke. Die Abkürzung HJ bedeutet Hebbel-Jahrbuch.

1. Bibliographien

HELMUT WÜTSCHKE: Hebbel-Bibliographie. Ein Versuch. Berlin 1910
P. A. MERBACH und W. LIEPE: Forschungsbericht für 1914. In: Jahresberichte für neuere dt. Literaturgeschichte, Bd. 25, 1918
THEOBALD BIEDER: Neuere Werke über Friedrich Hebbel. In: Deutsches Volkstum Nr. 5, Hamburg 1926
WILLY JOKISCH: Bausteine zu einer Hebbel-Bibliographie 1919–1930. In: Archiv für das Studium der neueren Sprache, 88.Jg. Bd. 163. Hamburg 1933, S. 34–41
PETER MICHELSEN: Beiträge zu einer Hebbel-Bibliographie. In: HJ 1953, S. 111–133; HJ 1954, S. 93–122; HJ 1955, S. 113–141; HJ 1956, S. 131–146
LUDWIG KOOPMANN: Material für die Hebbel-Bibliographie. In: HJ 1957, S. 106–112
JUNSUKE SUITA: Wir Japaner und Friedrich Hebbel. In: HJ 1959, S. 148–159
ERICH TRUNZ: Die Hebbel-Schriften Wolfgang Liepes. In: HJ 1960, S.159f
WALTER A. REICHART: Hebbel in Amerika und England. Eine Bibliographie. In: HJ 1961, S. 118–135
HAYO MATTHIESEN: Beitrag zu einer Hebbel-Bibliographie. In: HJ 1963, S. 206–222
HELMUT KREUZER: Zum Stand der Hebbel-Forschung. Ein Literaturbericht. In: Der Deutschunterricht 9, 1964, S. 1–28
U. HENRY GERLACH: Hebbel-Bibliographie 1910–1970. Heidelberg 1973
HEINZ STOLTE: Literaturberichte in den HJ 1980, 1981, 1983
LUDGER LÜTKEHAUS: Hebbel in historischer Sicht. Zum gegenwärtigen Stand der Hebbel-Forschung. In: Friedrich Hebbel. Neue Studien zu Werk und Wirkung. Hg. Hilmar Grundmann, Heide 1982, S. 13–30.– Steinburger Studien Bd. 3
U. HENRY GERLACH: Hebbel-Bibliographie 1970–1980. In: HJ 1983, S. 157–189

2. Werke

a) Gesamtausgaben

Friedrich Hebbels Sämmtliche Werke. Hg. von EMIL KUH. 12 Bde. Hamburg (Hoffmann und Campe) 1866
Friedrich Hebbel. Sämtliche Werke. Historisch-kritische Ausgabe von RICHARD MARIA WERNER in drei Abteilungen. Berlin (Behr) 1904–1907. Abt. 1: Werke, Bd. 1–12; Abt. 2: Tagebücher, Bd. 1–4; Abt. 3: Briefe, Bd. 1–8 [Die dritte Auflage ist die sog. Säkularausgabe von 1911–1913.]
Friedrich Hebbel. Sämtliche Werke. Vollständige Ausgabe. Hg. von HERMANN KRUMM. 14 Bde. Leipzig 1913
Hebbels Werke. Nach der historisch-kritischen Ausgabe systematisch geordnet. Hg. von BENNO VON WIESE. 9 Bde. Leipzig (Bibliographisches Institut) 1941
Friedrich Hebbel. Werke. 2 Bde. Hg. von GERHARD FRICKE. München (Hanser) 1952
Friedrich Hebbel. Werke. 7 Bde. Hg. von GERHARD FRICKE. Leipzig (Reclam) 1957
Hebbel. Ein Lesebuch für unsere Zeit. Hg. von KUNIBERT ARNDT u.a. Weimar (Volksverlag) 1959
Friedrich Hebbel. Werke. 2 Bde. Hg. von WALTHER VONTIN. Hamburg (Hoffmann und Campe) 1960

Hebbel. Werke. 3 Bde. Hg. von JOACHIM MÜLLER. Weimar (Volksverlag) 1960
Friedrich Hebbel. Sämtliche Werke. 2 Bde. Hg. von HANNS-LUDWIG GEIGER. Berlin (Tempel) 1961
Hebbel. Gesammelte Werke. 2 Bde. Hg. von ANNI MEETZ. Gütersloh (Mohn) 1963
Friedrich Hebbel. Jubiläumsausgabe 2 Bde. Hg. von HEINZ STOLTE. Hamburg (Blüchert) 1963
Friedrich Hebbel. Werke. 5 Bde. Hg. von GERHARD FRICKE u. a. München (Hanser) 1964–1967

b) Einzelausgaben

Im Reclam-Verlag sind folgende Einzelausgaben erschienen: «Agnes Bernauer», «Gyges und sein Ring», «Herodes und Mariamne», «Judith», «Aufzeichnungen aus meinem Leben», «Maria Magdalene», «Mutter und Kind», «Die Nibelungen».

Maria Magdalene. Ein bürgerliches Trauerspiel in drei Aufzügen. Hg. von WALTER FISCHER. Frankfurt a. M. (Diesterweg) 1958
Agnes Bernauer. Ein deutsches Trauerspiel in fünf Aufzügen. Hamburg (Hamburger Lesehefte-Verlag) 1957
dto. Hg. von KURT KESSELER. Bielefeld (Velhagen und Klasing) 1930
dto. Hg. von WALTER FISCHER. Frankfurt a. M. (Diesterweg) 1959
dto. Text und Dokumentation. Hg. von HERMANN GLASER. Frankfurt a. M. (Ullstein) 1964 (Dichtung und Wirklichkeit. 20)
Gyges und sein Ring. Text und Dokumentation. Hg. von HANS GERD RÖTZER. Frankfurt a. M. (Ullstein) 1965 (Dichtung und Wirklichkeit. 22)
Die Nibelungen. Text und Dokumentation. Hg. von HELMUT DE BOOR. Frankfurt a. M. (Ullstein) 1966 (Dichtung und Wirklichkeit. 16)
Friedrich Hebbel. Erzählungen und Novellen. Wildbad / Schwarzwald (Ed. Pan) 1948
Friedrich Hebbel. Gedichte. Auslese und Nachwort von GEORG EHRHARDT. Herford (Die Arche) 1948
Riesenhaft fühle ich's weben ... Eine Auswahl aus der Lyrik. Hg. von KURT ESSELBRÜGGE. Stuttgart (Riederer) ²1959 (Perlenkette. 22)

Schallplatte: Friedrich Hebbel. Ein Dichterporträt. Von W. Hinz und E. Bessel. Ludwig Hoffmann Klavier. Hamburg (Telefunken) 1959

3. Tagebücher und Briefe

Tagebücher. 2 Bde. Hg. von FELIX BAMBERG. BERLIN (Behr) 1885–1887
Hebbels Tagebücher. 3 Bde. Hg. von GERHARD FRICKE. Leipzig (Reclam) 1936
Tagebücher. Auswahl und Nachwort von ANNI MEETZ. Stuttgart (Reclam) 1963
Hebbels Briefwechsel mit Freunden und berühmten Zeitgenossen. 2 Bde. Hg. von FELIX BAMBERG. Berlin (Behr) 1890–1892
Aus Hebbels Korrespondenz. Ungedruckte Briefe von und an den Dichter nebst Beiträgen zur Textkritik einzelner Werke. Hg. von FRIEDRICH HIRTH. München (Müller) 1913
DIETRICH KRALIK und FRITZ LEMMERMEYER: Neue Hebbel-Dokumente. Berlin–Leipzig (Schuster und Löffler) 1913
Friedrich Hebbels Persönlichkeit. Gespräche, Urteile, Erinnerungen. Gesmmelt und erläutert von PAUL BORNSTEIN. 2 Bde. Berlin (Behr) 1924
Der junge Hebbel. Lebenszeugnissen und dichterische Anfänge. Hg. von PAUL BORNSTEIN: Berlin (Behr) 1924

Elise Lensing. Briefe an Friedrich und Christine Hebbel. Hg. von RUDOLF KARDEL. Berlin (Behr) 1928

Friedrich Hebbel. Der Mensch und der Dichter in Selbstzeugnissen. Hg. von GERHARD HELBIG. Leipzig (Koehler und Amelang) 1958

Neue Hebbel-Briefe. Hg. von ANNI MEETZ. Neumünster (Wachholtz) 1963 (Kieler Studien zur deutschen Literaturgeschichte. 1)

Briefe an Friedrich Hebbel, I. Teil, 1840–1860, hg. von MORIZ ENZINGER und ELISABETH BRUCK. Wien 1973; II. Teil, 1861–1863. Wien 1975

Friedrich Hebbel: Briefe. Ursprünglich in Zeitungen und Periodika veröffentlichte Schriftstücke (nebst einigen bisher unbekannten). Hg. von U. HENRY GERLACH. Heidelberg 1975

Briefe von und an Friedrich Hebbel. Bisher unbekannte Schriftstücke. Hg. U. HENRY GERLACH. Heidelberg 1978

4. Biographie

a) Gesamtdarstellungen

EMIL KUH: Friedrich Hebbel. Eine Biographie. 2 Bde. Wien 1877

FELIX BAMBERG: Friedrich Hebbel. In: Allgemeine Deutsche Biographie 1880. Bd. 11, S. 169–188

ALBRECHT JANSSEN: Die Frauen rings um Hebbel. Berlin 1919 (Hebbel-Forschungen. 8)

LOUIS BRUN: Hebbel mit besonderer Berücksichtigung seiner Persönlichkeit und seiner Lyrik. Leipzig 1922

PAUL BORNSTEIN: Friedrich Hebbel. Ein Bild seines Lebens, auf Grund der Zeugnisse entworfen. Berlin 1930

Edna Purdie: Friedrich Hebbel. A study of his life and work. London 1932

WILHELM VON SCHOLZ: Friedrich Hebbel. In: Die Großen Deutschen. Deutsche Biographie 1960. Bd. III, S. 347–355

ANNI MEETZ: Friedrich Hebbel. Stuttgart ³1973 (Sammlung Metzler)

HENRI FLEBBE: Hebbels Leben und Schaffen in Bildern. Wesselburen 1938

DETLEF CÖLLN: Zeittafel zu Hebbels Leben und zu seinen Werken. In: HJ 1956, S. 121–127

ERNST SCHLEE: Die Porträts Friedrich Hebbels aus der Lebenszeit des Dichters. In: HJ 1963, S. 33–65

b) Lebensabschnitte

ANNI MEETZ: Friedrich und Christine Hebbel. In: HJ 1960, S. 143–158

RICHARD MARIA WERNER: Christine Hebbel, geb. Enghausen, Hofschauspielerin. In: Biographisches Jahrbuch und deutscher Nekrolog 15, 1913

WILHELM RUTZ: Friedrich Hebbel und Elise Lensing. Ein Kampf um Leben und Liebe. München 1922

DETLEF CÖLLN: Hebbel und Elise Lensing, besonders der Ausgang des Verhältnisses. In: HJ 1951, S. 74–96

WOLFGANG WITTKOWSKI: Der junge Hebbel. Zur Entstehung und zum Wesen der Tragödie Hebbels. Diss. phil. 1954, Fotodruck 1955

WILHELM MEYER-VOIGTLÄNDER: Der Vater Friedrich Hebbels. In: HJ 1959, S. 134–147

ERNST BEUTLER: Boppi. In: Essay um Goethe, Bd. I, 2. Aufl. 1947 Tübingen 1971

MARY GARLAND: Hebbel's prose tragedies – an investigation of the aesthetic aspect of Hebbel's dramatic language. Cambridge 1973

LUDGER LÜTKEHAUS: Hebbel – Gegenwartsdarstellung, Verdinglichungsproblematik, Gesellschaftskritik. Heidelberg 1976

BIRGIT FENNER: Friedrich Hebbel zwischen Hegel und Freud. Stuttgart 1979

FRIEDRICH SENGLE: Biedermeierzeit. Deutsche Literatur zwischen Restauration und Revolution 1815–1848. Bd. 3. Stuttgart 1980

Friedrich Hebbel. Neue Studien zu Werk und Wirkung. Hg. Hilmar Grundmann. Heide 1982. – Steinburger Studien Bd. 3

b) Einzelne Werke

HELMUT KREUZER: Die Tragödien Friedrich Hebbels. Versuch ihrer Deutung in Einzelanalysen. Diss. phil. Tübingen 1956

WALTHER VONTIN: Judith. Götze aus Erz und Ton. Hebbels Kritik an seinem Jugendwerk und ihre Auswirkungen. In: JK 1960, S. 54–99

KLAUS ZIEGLER: Judith. In: Das deutsche Drama. Hg. von BENNO VON WIESE. 1960. Bd. II, S. 101–122

WALTHER VONTIN: Heine und Hebbels «Judith». In: Heine-Jahrbuch 1963, S. 43–59

WOLFGANG WITTKOWSKI: Der junge Hebbel, zur Entstehung und zum Wesen der Tragödie Hebbels. Berlin 1969

ERNST ALTHERR: Komik und Humor bei Hebbel. Diss. phil. Leipzig 1935

HORST OPPEL: Komik und Humor im Schaffensgefüge Hebbels. Diss. phil. Bonn 1935

KURT ESSELBRÜGGE: Hebbel und der Humor. In: HJ 1955, S. 85–112

WOLFGANG HECHT: Hebbels Diamant. In: Hebbel in neuer Sicht. S. 208–227

WALTER FISCHER: Maria Magdalene. Frankfurt a. M. 1958 (Grundlagen und Gedanken zum Verständnis klassischer Dramen)

KARL BRINKMANN: Erläuterungen zu Hebbels Maria Magdalene. Hollfeld 1959 (Dr. Wilhelm Königs Erläuterungen zu den Klassikern)

MARTIN STERN: Das zentrale Symbol in Hebbels Maria Magdalene. In: Hebbel in neuer Sicht. S. 228–246

LUDGER LÜTKEHAUS: Friedrich Hebbel «Maria Magdalene». München 1983. Text und Geschichte – Modellanalysen zur deutschen Literatur Bd. 11

GEORG PILZ: Deutsche Kindesmord-Tragödien. Wagner, Goethe, Hebbel, Hauptmann. München 1982.

HEINZ STOLTE: Das Molochfragment. Zugleich ein Beitrag zur Beurteilung der Italienreise Hebbels. In: HJ 1962, S. 94–113

HORST OPPEL: Hebbels Tragikomödie «Ein Trauerspiel in Sizilien». In: Gedenkschrift für F. J. Schneider. Hg. von KARL BISCHOFF. Weimar 1956. S. 254–264

HERMANN HETTNER: Hebbel und die Tragikomödie. In: Meisterwerke der Literaturkritik. 1961, Bd. II. S. 685 f

KARL S. GUTHKE: Geschichte und Poetik der deutschen Tragikomödie. Göttingen 1961

RAINER GRUENTER: «Herodes und Mariamne». In: Das deutsche Drama.²1960, Bd. II. S. 123–140

HEINZ STOLTE: Hebbels «Herodes und Mariamne » als Bekenntnisdichtung. In: HJ 1961, S. 90–117

LAWRENCE RYAN: «Herodes und Mariamne»: Tragödie und Geschichte. In: Hebbel in neuer Sicht. S. 247–266

WOLFGANG WITTKOWSKI: Menschenbild und Tragik in Hebbels «Agnes Bernauer». In: Germanisch-Romanische Monatsschrift 39, NF 8, 1958

WOLFDIETRICH RASCH: Hebbels «Agnes Bernauer». Die Tragödie als politische Dichtung. In: Deutsche Vierteljahrsschrift 1940, 18. Jg., Bd. XVIII, Heft 4, S. 387–430

Paul Gerhard Klussmann: «Agnes Bernauer». In: Das deutsche Drama. Bd. II, S. 141–156

Heinz Stolte: Hebbels «Gyges und sein Ring» im Lichte historischer Erfahrung. In: HJ 1959, S. 52–74

Bert Nagel: Die Tragik des Menschen in Hebbels Dichtung. Zum Verständnis der Tragödie «Gyges und sein Ring». In HJ 1962, S. 15–93

Gerhard Fricke: Die Tragödie der Nibelungen bei Hebbel und Paul Ernst. In: HJ 1940, S. 1–25

Otto Kayser: Die Nibelungensage bei Hebbel und Wagner. In HJ 1962, S. 143–159

Jost Hermand: Hebbels «Nibelungen» – Ein deutsches Trauerspiel. In: Hebbel in neuer Sicht. S. 315–333

Joachim Müller: Bemerkungen zur Kernproblematik und dramatischen Dialektik von Hebbels «Demetrius». In: HJ 1962, S. 114–142

c) Tagebücher, Lyrik, Novellen

Christian Jensen: Der Lyriker Hebbel. In: HJ 1943, S. 42–49

Christian Jensen: Hebbels Lyrik als Glaubensbekenntnis. In: HJ 1951, S. 60–73

Heinz Stolte: Ahne das Wunder der Form! Zur lyrischen Biographie Friedrich Hebbels. In: HJ 1961, S. 9–35

Fritz Martini: Der Lyriker Hebbel. Theorie und Gedicht. In: Hebbel in neuer Sicht. S. 123–149

Peter Michaelsen: Friedrich Hebbels Tagebücher. Eine Analyse ihrer weltanschaulichen Grundgehalte. Diss. phil. Göttingen 1951

Peter Michaelsen: Das Paradoxe als Grundstruktur Hebbelschen Denkens. Resultate einer immanenten Untersuchung der Tagebücher. In: HJ 1952, S. 8–43

Joachim Müller: Zu Struktur und Funktion von Hebbels Tagebüchern. In: Hebbel in neuer Sicht. S. 109–122

Christian Jensen: Hebbels Ezählungen. In: HJ 1955, S. 51–62

Ingrid Kreuzer: Hebbel als Novellist. In: Hebbel in neuer Sicht. S. 150–163

NACHTRAG

1. Bibliographien

Stolte, Heinz: Literaturbericht 1972/73 ff. In: Hebbel-Jahrbuch 1974 ff

Gerlach, U. Henry: Standortverzeichnis der Briefautographen Friedrich Hebbels. In: Hebbel-Jahrbuch 1976, S. 124–161

2. Briefe

Briefe von und an Friedrich Hebbel. Bisher unbekannte Schriftstücke. Ges. und erl. von U. Henry Gerlach. Heidelberg 1978

Streitfeld, Erwin: Hebbels Brief vom 19.11.1852 an Gustav Kühne. Klärung eines Irrtums. In: Hebbel-Jahrbuch 1981, S. 149–152

3. Biographie

Müller, Norbert: Der Rechtsdenker Friedrich Hebbel. Bonn 1974

Schaub, Martin: Friedrich Hebbel. München 1976

Stolte, Heinz: Friedrich Hebbel. Leben und Werk. Husum 1977

Fenner, Birgit: Friedrich Hebbel zwischen Hegel und Freud. Stuttgart 1979

KAIZL-HEBBEL, CHRISTINE: Erinnerungen an meinen Vater Friedrich Hebbel. In: Hebbel-Jahrbuch 34 (1979), S.148–152

KREUZER, HELMUT: Friedrich Hebbel. In: Deutsche Dichter des 19. Jahrhunderts. 2. Aufl. Berlin 1979, S. 452–479

4. Deutung

a) Gesamtdeutungen

RITTER, WOLFGANG: Hebbels Psychologie und dramatische Charaktergestaltung. Marburg 1973

KELLER, MECHTHILD: Studien zu Hebbels dramatischer Technik. Phil. Diss. Köln 1975

SCHLAFFER, HEINZ:Friedrich Hebbels tragischer Historizismus. In: SCHLAFFER: Studien zum ästhetischen Historizismus. Frankfurt a. M. 1975, S. 156–163

MARTIN, HELMUT:«Besitzdenken» im dramatischen Werk Friedrich Hebbels. Studien zu einem historischen Verständnis des Dichters. Nürnberg 1976

COLLETT, HELGA: Hebbel und Goethe. Bewahrung oder Überwindung der deutschen Klassiker? Eine Untersuchung an Hand von Hebbels Tagebüchern, Briefen und kritischen Schriften. Phil. Diss. Kingston, Canada 1977

FENNER, BIRGIT: Geschichte – Natur – Mythos. Dramen, Tagebücher, Briefe und Schriften Friedrich Hebbels. Zum Verhältnis von Geschichte, Philosophie und Kunst in der ersten Hälfte des 19. Jahrhunderts. Phil. Diss. FU Berlin 1977

GINOLAS, MARLEN: Probleme der Lessing-Rezeption im dramatischen Schaffen Friedrich Hebbels. Phil. Diss. Halle 1980

HEYME, HANSGÜNTHER: Hebbel und das heutige Theater. In: Handbuch des deutschen Dramas. Düsseldorf 1980, S. 252–258

REINHARDT, HARTMUT: Hebbels Dramatik. In: Handbuch des deutschen Dramas. Düsseldorf 1980, S. 244–252

ANDERS, HANS JOACHIM: Zum tragischen Idealismus Friedrich Hebbels. In: Deutsche Dramentheorien. II. Wiesbaden 1981, S. 25–42

b) einzelne Werke

MÜLLER, JOACHIM: Zu Struktur und Funktion von Hebbels Tagebüchern. In: Müller: Epik, Dramatik, Lyrik, Halle 1974, S. 107–118 und 442

JASPERS, GERD J.: Hebbels Tagebücher als «Ideenmagazin» des Dichters. In: Hebbel-Jahrbuch 1977, S. 129–162

DURZAK, MANFRED: Politisches oder politisiertes Drama? Bemerkungen zu Hebbels Agnes Bernauer. In: Geschichtsdrama. Darmstadt 1980, S. 323–343

KAISER, HERBERT:Strukturen bürgerlichen Handelns in Hebbels Agnes Bernauer. In: Literatur für Leser 1981, S. 204–219

LÜTZELER, PAUL MICHAEL: Friedrich Hebbels Agnes Bernauer. Ein Geschichtsdrama zwischen Politik und Metaphysik. In: Geschichte als Schauspiel. Frankfurt a. M. 1981, S. 179–196

MÜLLER, JOACHIM: Zur Kernproblematik und dramatischen Dialektik von Hebbels Demetrius. In: MÜLLER: Epik, Dramatik, Lyrik. Halle 1974, S. 330–352 und 449

KRAFT, HERBERT: Poesie und Idee. Über die Bedeutung der Geschichte für Hebbels dramatische Dichtung «Gyges und sein Ring». In: Geschichtsdrama. Darmstadt 1980, S. 256–284

NAGEL, BERT: Der Tragiker Friedrich Hebbel. Zu «Gyges und sein Ring». In: NAGEL: Kleine Schriften zur deutschen Literatur. Göppingen 1981, S. 393– 477

SCHNEIDER, ROLF: «Herbstbild». In: Frankfurter Anthologie Bd. 5. Frankfurt a. M. (1980), S. 109–115

MICHAEL, MANFRED:Friedrich Hebbel Herodes und Mariamne. Literaturhistorische Studien zur gesellschaftlichen Funktion und Klassenbedingtheit von Werk und Wirkung. Stuttgart 1976

MÜLLER, JOACHIM: Zur Struktur von Hebbels Maria Magdalene. In: MÜLLER: Epik, Dramatik, Lyrik. Halle 1974, S. 310–329 und 448–449

PÖRNBACHER, KARL (Hg.): Friedrich Hebbels Maria Magdalene. Erläuterungen und Dokumente. Stuttgart 1980

REINHARDT, HARTMUT: Friedrich Hebbel: Maria Magdalene. In: Deutsche Dramen. Interpretationen. Bd. 1. Königstein/Ts. 1981, S. 170–199

EHRISMANN, OTFRID: Hebbels «Nibelungen». Der Dichter als Dolmetscher. In: Mittelalter-Rezeption. Göppingen 1979, S. 311–343

EMRICH, WILHELM: Hebbels Nibelungen. Götzen und Götter der Moderne. In: EMRICH: Poetische Wirklichkeit. Wiesbaden 1980, S. 88–104

nis der Tragödie «Gyges und sein Ring». In: HJ 1962, S. 15–93

GERHARD FRICKE: Die Tragödie der Nibelungen bei Hebbel und Paul Ernst. In: HJ 1940, S. 1–25

OTTO KAYSER: Die Nibelungensage bei Hebbel und Wagner. In: HJ 1962, S. 143–159

JOST HERMAND: Hebbels «Nibelungen» – Ein deutsches Trauerspiel. In: Hebbel in neuer Sicht. S. 315–333

JOACHIM MÜLLER: Bemerkungen zur Kernproblematik und dramatischen Dialektik von Hebbels «Demetrius». In: HJ 1962, S. 114–142

c) Tagebücher, Lyrik, Novellen

CHRISTIAN JENSEN: Der Lyriker Hebbel. In: HJ 1943, S. 42–49

CHRISTIAN JENSEN: Hebbels Lyrik als Glaubensbekenntnis. In: HJ 1951, S. 60–73

HEINZ STOLTE: Ahne das Wunder der Form! Zur lyrischen Biographie Friedrich Hebbels. In: HJ 1961, S. 9–35

FRITZ MARTINI: Der Lyriker Hebbel. Theorie und Gedicht. In: Hebbel in neuer Sicht. S. 123–149

PETER MICHELSEN: Friedrich Hebbels Tagebücher. Eine Analyse ihrer weltanschaulichen Grundgehalte. Diss. phil. Göttingen 1951

PETER MICHELSEN: Das Paradoxe als Grundstruktur Hebbelschen Denkens. Resultate einer immanenten Untersuchung der Tagebücher. In: HJ 1952, S. 8–43

JOACHIM MÜLLER: Zu Struktur und Funktion von Hebbels Tagebüchern. In: Hebbel in neuer Sicht. S. 109–122

CHRISTIAN JENSEN: Hebbels Erzählungen. In: HJ 1955, S. 51–62

INGRID KREUZER: Hebbel als Novellist. In: Hebbel in neuer Sicht. S. 150–163

Namenregister

Quellennachweis der Abbildungen

rowohlts bild-monographien

Herausgegeben von Kurt und Beate Kusenberg.
Jeder Band mit etwa 70 Abbildungen, Zeittafel,
Bibliographie und Namenregister.

Betrifft:
Kunst,
Theater,
Film

rowohlts bild-monographien

Herausgegeben von Kurt und Beate Kusenberg.
Jeder Band mit etwa 70 Abbildungen, Zeittafel,
Bibliographie und Namenregister.

rowohlts bild-monographien

Herausgegeben von Kurt und Beate Kusenberg.
Jeder Band mit etwa 70 Abbildungen, Zeittafel,
Bibliographie und Namenregister.

rowohlts bild-monographien

Herausgegeben von Kurt und Beate Kusenberg.
Jeder Band mit etwa 70 Abbildungen, Zeittafel,
Bibliographie und Namenregister.

Betrifft: Philosophie